들썩들썩 요동치는 개화기 조선
개화 소년 나가신다

들썩들썩 요동치는 개화기 조선

개화 소년 나가신다

류은 글 ● 이경석 그림 ● 한철호 감수

책과함께어린이

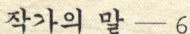 차례

작가의 말 — 6

들어가는 이야기
신 역관 어르신께 — 8

**일본으로
실려 가는 쌀** — 10

**과부는 재혼하고
과거는 폐지되고** — 25

**외국어 학교에
가다** — 37

**장옷을 벗은
여자들** — 55

**우체사
가는 길** — 68

제중원으로! — 84

**일을 찾아
떠나다** — 99

**서양인이
우리 땅의 주인?** — 114

**절반만 찍히면
몸이 반 토막 나서 죽는다고?** — 134

**앉아서
구만리를 내다보다** — 150

**미국에서 온
서신** — 166

나오는 이야기
신 역관 어르신께 — 170

작가의 말

새로운 세상으로 나아가는 시대

오늘날에는 텔레비전, 냉장고 등 전기를 이용하는 물건들이 생활 속에 자연스럽게 자리하고 있지만 조선 시대에 처음 전깃불을 접한 사람들은 까무러칠 만큼 놀랐다고 해요. 밤이 되면 촛불이나 호롱불에 의지하던 당시 사람들에게 전깃불은 꼭 낮이 돌아온 것처럼 느껴졌을 거예요.

전기를 비롯한 서양의 근대 문물을 받아들인 건 고종 때였어요. 외국과 통상하기 위해서는 우리 항구에 외국 선박이 들어올 수 있도록 개항을 해야 했지요. 그 과정이 이웃 나라보다 늦어졌기 때문에 고종은 미국, 중국, 일본 등으로 사신을 보내 부지런히 새로운 문물을 받아들이고자 했어요. 이 시기에 우리나라는 서양의 여러 나라와 외교 관계를 맺게 되었어요. 그래서 새로운 언어를 아는 관리가 필요했지요. 급하게 영어, 프랑스어, 독일어, 러시아어 등 외국어를 가르치는 학교를 세웠어요.

때마침 우리나라에 기독교를 전하러 온 서양 선교사들도 새로운 학문을 가르치는 학교를 세웠어요. 병원과 의술을 가르치는 교육 기관도 지었지요. 점점 교육을 받는 사람들이 늘어나기 시작했어요. 그리고 그들을 중심으로 삶의 방식과 사고방식이 조금씩 바뀌었답니다. 그렇게 된 데에는 신문의 역할도 컸어요. 신문을 통해 더 많은 사람들이 세상 돌아가는 일을 알 수 있게 되었지요. 사람들은 이 시기를 개화기라고 불렀어요.

외국과 교류를 하고 기술이 발전하고 세상이 바뀌었으니 개화기를 좋게만 생각하는 친구도 있을지 모르겠어요. 하지만 마냥 좋아할 수만 없었던 게 당시 현실이었답니다. 왜냐하면 우리나라의 산업 기술 소유권이 통상 조약을 맺은 외국에 있었기 때문이에요. 그에 따른 이득은 모두 다른 나라로 빠져나갔어요. 그중에서도 일본은 여러 개발권을 야금야금 가져가며 우리 경제를 어렵게 하더니 정치가 혼란한 틈을 타 결국 나라를 통째로 빼앗고 말아요.

만약 개화기가 없었다면 우리가 나라를 빼앗기지 않았을 수도 있었냐고요? 안타깝게도 나라를 잃은 건 개화기 때문이 아니에요. 오히려 개화기는 단순히 서양 문물을 받아들이는 것에서 그치지 않고 우리나라가 새로운 시대를 향해 나아가고자 했던 매우 역동적인 시기랍니다. 또한 신분 제도의 굴레에서 벗어나 개인의 자유와 평등에 눈뜬 시기이면서 우리가 살아가는 현대 사회의 뿌리가 되는 시기이기도 하지요.

이 책에 나오는 구식이와 개화는 변화무쌍한 개화기를 온몸으로 겪는 친구들이에요. 옛것과 새것이 만나 한데 섞이면서 몸살을 앓듯 힘든 일도 많지만 당시 사람들은 어려움에 맞서 당당히 걸어 나갑니다. 자! 그럼 새로운 시대를 열어 가는 사람들의 이야기를 시작해 볼까요?

류은

들어가는 이야기

신 역관 어르신께

그간 가내 두루 평안하십니까? 염려해 주신 덕분에 저희는 잘 지내고 있습니다.

나랏일이 바쁘실 터인데 어려운 일 있으면 아버지처럼 의지하라는 말씀만 믿고 염치없이 몇 글자 적습니다.

부끄럽게도 제가 혼례를 올리게 되었습니다.

한 번 출가했던 몸으로 또다시 혼례를 올린다는 말씀을 드리기가 몹시 망설여졌습니다만, 집안 어른들이 오래 생각하신 뒤 결정하신 일이라 저는 따를 수밖에 없는 입장입니다. 그간 농사지을 땅 한 평 갖지 못한 채 생계를 집안 어른들께 의지해 온 데다 과부의 재혼을 금지하던 법이 바뀌어 마냥 고집을 부릴 수만도 없는 처지라……. 그리하여 부득이하게 어르신께 부탁 말씀을 드립니다.

저와 혼인하는 이가 형편이 넉넉하여 구식이 하나 책임지는 것은 어려운 일이 아니나, 제 혼례를 탐탁지 않게 여기는 구식이가 매형 될 이를 소 닭 보듯 합니다. 더구나 요즘 하는 행동으로 보았을 때 장차 몸 성하기 어려울 듯 합니다. 제 딴에는 의병이었던 아버지 뜻을 잇는다는 생각인가 본데, 안전을 장담하기 어려운 일만 벌이기에 생각다 못해 어르신께 기별을 드립니다.

아버지를 잃고 슬픔에 빠진 제게 살아갈 용기를 주셨듯 구식이에게도 어르신의 가르침은 큰 힘이 될 것입니다. 구식이가 생활하는 데 들어가는 비용은 제가 보내겠습니다. 부디 부족한 동생을 잘 인도하여 주시기 바랍니다.

얼굴 뵙기를 고대하며 항상 건강하시기를 빕니다.

1903년 0월 0일 옥구에서 연이 올림

덧붙임: 이곳까지 오시기에 바쁘실 것 같아 이 서신을 전하는 이와 함께 구식이를 보내려 하였으나 고향은 절대로 떠나지 않겠다고 고집을 부리네요.

일본으로 실려 가는 쌀

　뒷짐을 지고 느긋하게 걷던 구식이는 미곡 창고 근처에 이르자 주위를 살폈다. 그러고는 살금살금 창고 쪽으로 걸음을 옮겼다.
　미곡 창고에는 이미 천장까지 쌀자루가 가득 차 있었다. 그런데도 앞마당에서는 이제 막 추수한 쌀가마니가 우마차에 실려 꾸역꾸역 밀려 들어오고 있었다. 몇 년째 보는 풍경이지만 날마다 그 많은 쌀이 어디서 실려 오는지 구식이는 볼 때마다 놀라웠다.
　갑자기 미곡 창고 앞마당에서 소란스러운 소리가 들려왔다.
　"이놈들아, 내 쌀 내놔라! 안 판다. 다 돌려줄 테니 내 쌀 내놓으란 말이다!"
　얼굴이 검게 그은 늙은 농부가 앙상한 두 팔을 휘저으며 쌀자루 사이를 헤매고 다녔다. 일하는 사람들은 무슨 일인가 싶어 멀뚱거리며 늙은 농부를 바라보았다. 뒤따라온 아들이 늙은 농부를 잡으며 말리자 하나둘씩 구경하는 사람들이 모여들었다.

감시가 소홀한 틈을 타 구식이는 슬그머니 미곡 창고 안으로 들어갔다. 쩔쩔매며 난처해하는 아들의 목소리가 미곡 창고 안까지 들려왔다.

"아부지, 여기까지 오셔서 어찌하려고 그러시오? 이미 팔아 치운 쌀은 잊고 후딱 집에나 갑시다."

"놔라! 네놈한테는 아부지 소리도 듣기 싫다! 돈 몇 푼에 식구들 목숨이 달린 쌀까지 홀랑 팔아?"

굵은 눈썹을 치켜세운 늙은 농부가 아들의 손길을 거칠게 뿌리쳤다.

"그런다고 사흘 전에 실려 간 쌀을 이제 와서 어찌 찾겠소? 설사 쌀을 찾는다고 해도 몇 달 전에 받은 돈은 다 써 버려서 돌려주지도 못한당께요! 억지 부리지 말고 집에 갑시다. 지금 서둘러 가도 집에 가면 깜깜한 밤중이오!"

"이놈의 새끼! 네가 문제여! 어쩌자고 논에서 영글지도 않는 쌀을 팔아 버렸난 말이여!"

"나만 그랬남? 올해 우리 마을에서 일본 사람한테 미리 쌀 팔지 않은 사람 있으면 나와 보라고 해요. 아버지가 고집 부리는 통에 우리는 올해 처음 팔아 봤구먼."

아들은 더 일찍 쌀을 팔지 못해 아쉽다는 얼굴이었다.

"너도 귀가 있으니 작년 일일랑 들었을 것이다. 일본 놈들한테 쌀을 판 사람들이 어찌 살더냐? 이 땅에서는 쌀 한 톨 찾아보기 어렵게 일본 놈들이 싹 신고 가 버리고 그냥 줘도 안 먹을 조를 어디서 비싼 값에 들여오지 않았나. 그 탓에 그깟 조를 가진 돈 탈탈 털어서 사지 않았느냐는 말이여! 대체 왜 우리가 피땀 흘려 농사지은 쌀을 가지고 일본 놈들 배를 불리는 거여?"

늙은 농부는 목에 핏대를 세워 가며 소리쳤다.

"그야, 일본에서는 다들 공장에서 일하느라 농사지을 사람들이 없다잖아요."

이렇게 받아치긴 했지만 아들의 목소리가 기어들어 갔다.

올해는 풍년이라 수확량도 많았는데 몇 달 전에 받은 쌀값은 그에 한참 못 미쳤다. 그래도 계약을 끝낸 터라 일본 사람들은 칼같이 추수 날짜에 맞춰 쌀을 실어 갔다.

"그건 지들 사정이지! 지들이 돈 벌려고 하는 일에 왜 우리나라 사람이 죽을 둥 살 둥 고생을 하느냔 말이여!"

늙은 농부의 목소리는 미곡 창고 안까지 쩌렁쩌렁 울렸다.

'옳소!'

구식이는 농부의 목소리에 장단을 맞추듯 손에 든 대나무를 쌀자루에 쑤셔 넣었다. 경사지게 비스듬히 잘라 낸 대나무는 쓱 힘을 줄 때마다 경쾌하게 쌀자루에 꽂혔다. 마구 헤집어 놓은 구멍에서 하얀 쌀이 우수수 쏟아져 나왔다. 밖에서는 늙은 농부의 하소연이 이어지고 있었다.

"말이 좋아 사 가는 거지, 이게 뺏어 가는 게 아니고 뭐여? 우리한테서 쌀을 가져가고 지들은 공장에서 나오는 옷감을 주니 공평한 거라고? 에라, 퉤! 썩을 놈들! 1년 내내 땅바닥을 기듯 농사지어서 나온 귀하디귀한 쌀을 공장에서 몇 시간 드르륵하면 나오는 옷감과 어찌 비교할 거여!"

'그렇지! 구구절절 옳은 말씀입니다!'

구식이가 속으로 맞장구를 쳤다. 밖에서 농부가 응원해 주는 것 같아 쌀을 헤집는 구식이의 손길에도 흥이 실렸다.

"여기가 어디라고 소란이야?"

뒤늦게 달려온 감독관이 버럭 소리치는 바람에 구식이도 어깨를 움찔 떨었다.

"구경났어? 빨리 쫓아내지 않고 멀뚱히 서서 뭐 하자는 거야?"

감독관의 말에 누군가 늙은 농부를 쫓아내는 소리가 들렸다.

"얼른 가시오, 얼른!"

"내 쌀을 돌려받기 전에는 한 발짝도 안 움직일랑게!"

바닥에라도 누웠는지 이를 악문 농부의 목소리는 오기로 가득했다.

'그렇죠! 피 같은 쌀을 빼앗겼는데 그렇게 나와야 정상이지요!'

구식이의 손길도 더욱 바빠졌다. 이제 곧 이 많은 쌀들이 배에 실려 일본으로 갈 것이다. 고작 열두 살 먹은 구식이 힘으로 막을 수 있는 일이 아니었다. 그렇다고 마냥 손 놓고 앉아 있기에는 배알이 꼴렸다.

"이보시오. 이제 곧 배가 들어올 텐데 계속 이러고 있다가는 감독관이 아까처럼 가만있지 않을 거요. 아까 들으니 사흘 전에 쌀을 팔았다던데, 그럼 그 쌀은 벌써 일본으로 건너갔소. 여기서 나뒹굴며 백날 찾아봐야 댁네 쌀은 나올 수가 없단 말이외다."

보기가 딱했던지 쌀자루를 짊어지고 가던 일꾼 하나가 농부를 타일렀다.

"뭐시오? 새끼보다 귀한 내 쌀이 이미 일본으로 넘어가 버렸다고라? 흐미, 속 타 죽겠네!"

울음 섞인 농부의 말에 일꾼이 씁쓸한 목소리로 달랬다.

"그래도 댁은 아직 땅이라도 있지 않소? 나는 손바닥만 한 땅덩어리마저 홀라당 날리고는 이렇게 날품을 파는 신세가 됐소이다."

"원래는 농사짓고 살았나 보오?"

농부는 어느새 일꾼의 말에 귀를 기울였다. 일꾼은 농부를 일으켜 감독관 눈에 띄지 않게 미곡 창고 뒤쪽으로 끌고 갔다. 열어 놓은 창 너머로 두 사람의 목소리가 들렸다. 구식이는 귀를 쫑긋 세웠다.

"나도 원래는 농사를 지었지요. 손바닥만 한 땅이나마 우리 식구 입에 풀칠은 하며 살 수 있었는데 누가 땅값을 잘 쳐준다면서 팔라 하지 않겠소? 그 값이면 다른 곳에 땅을 두 배는 더 살 수 있겠다 싶어 냉큼 팔았지요. 알고 봤더니 내 땅을 산 사람이 일본 사람입디다. 일본인들이 땅값을 높여 놓은 바람에 땅 판 돈으로 다시 그만한 땅을 살 수는 없었소이다."

"쯧쯧, 어떻게든 땅은 붙들었어야지요."

"앞으로가 문제입니다. 듣자 하니 일본 놈들이 이곳에 군창(지금의 군산)항을 만들어 쌀을 가져간 지 4년이 넘었는데 지금은 처음보다 열 배는 더 싣고 간답니다. 그만큼 땅이며 쌀을 파는 농사꾼이 많다는 말이 아니겠소? 앞으로 서른 배를 가져갈지, 그 이상을 가져갈지 알 수 없는 일입니다. 나처럼 땅을 잃은 농사꾼이 더 많아진다는 뜻이지요."

일꾼의 말에 구식이도 놀랐다. 지금 실려 나가는 쌀도 어마어마한데 그보다 수십 배가 될 수도 있다니 끔찍해서 소름이 돋았다.

"그래, 땅을 팔고는 어찌 사셨수?"

농부가 물었다.

"먹고 살아야겠기에 쌀을 사려고 보니 쌀값이 하늘 높은 줄 모르고 올랐습디다. 적게는 평소의 두 배에서 많게는 일곱 배까지 값이 올랐으니 어찌 살겠소? 비싼 것도 문제지만 쌀을 구하기가 무척 어려웠지요. 오죽하면 비싼 값을 치르고 일본에서 도로 쌀을 사 왔을까!"

일꾼이 깊게 한숨을 내쉬고는 말을 이었다.

"목구멍이 포도청이라 가을에 추수하면 갚을 생각으로 빚을 내어 어찌어찌 살아갔지요. 그런데 가을 추수 무렵이면 빚은 눈덩이처럼 커져 있었어요. 추수해서 빚잔치하고 나면 남는 게 있어야지요. 다시 빚을 얻어서 한 해 두 해 살다 보니 결국 빚 때문에 남은 땅마저 팔 수밖에 없었습니다. 그렇게 남의 집 논에서 일하는 소작농이 되었습니다만 나 같은 사람이 한둘이 아니다 보니 올해는 그 일마저도 구하지 못했지요. 쌀이 좋아 원 없이 만지기라도 하려고 여기 군창항에서 일을 합니다만 농사꾼이 할 짓은 아니라오."

기운 빠진 일꾼의 말에 농부는 오히려 기운 내라며 위로하고는 내키지 않는 걸음으로 돌아갔다. 가슴이 먹먹해진 구식이는 고개를 들고 한탄했다.

"그러게 어쩌자고 개항을 해서는! 우리끼리 잘 살았으면 이런 일이 생겼겠냐고!"

쌀자루를 찢을 듯이 쑤시는데 뒤에서 누군가 구식이의 어깨를 턱 짚었다. 소스라치게 놀라 돌아보니 방금 전에 농부와 있던 일꾼이 손가락을 입에 대고 주의를 주었다.

"쉿!"

일꾼은 구식이를 끌고 뒷문으로 살금살금 나왔다. 일꾼은 멀리 떨어진 바닷가까지 와서야 구식이의 팔을 놓아주었다.

"며칠 전에 쌀자루에 구멍이 났다며 감독관이 난리 친 일이 있었는데 이제 보니 네 소행이로구나? 감독관이 보면 뼈도 못 추릴 것 같아 여기까지 끌고 왔다만 너 때문에 우리가 얼마나 고초를 겪은 줄 아느냐?"

"일본으로 쌀 보내는 일을 도우니 그깟 고초쯤 당해도 싸지!"

구식이는 입술을 삐죽거렸지만 뜻하지 않게 일꾼의 사연을 들은 터라 좀 찜찜했다.

"철딱서니 없기는. 감독관에게는 쥐가 그랬다고 할 테니 다시는 얼씬거리지 마라."

일꾼은 미곡 창고 반대쪽으로 구식이를 떼밀며 엄포를 놓았다. 미곡 창고로 돌아가면서도 구식이가 미덥지 않은지 자꾸만 뒤를 돌아보았다. 구식이는 바다 쪽으로 고개를 틀고는 모르는 척했다.

"흥, 내가 그 말을 들을 줄 알고? 의병이었던 아버지만 살아 계셨어도 내가 저런 일꾼에게 이래라저래라 소리 듣지 않았을 것을! 아니, 아버지가 계셨다면 나라가 이 모양이 되도록 놔두지도 않으셨겠지."

이런 때 돌아가신 아버지라면 속 시원하게 답을 줄 수 있을 것 같았다. 괜히 눈물이 맺힐 것 같아 구식이는 바다에 대고 있는 힘껏 소리쳤다.

"아버지!"

답답했던 가슴이 조금 뚫리는 것 같았다.

그때 누군가 옆으로 다가왔다.

"애!"

한복을 곱게 차려입은 구식이 또래 여자애가 눈을 말똥거리며 보고 있었다. 구식이는 바람 빠진 풍선처럼 멍한 얼굴로 대답했다.

"나?"

"그래, 말 좀 물어볼게. 혹시 김구식이라는 사람을 아니?"

여자애의 말에 정신이 든 구식이는 갑자기 뒷짐을 지더니 힘이 잔뜩 들어간 목소리로 물었다.

"내가 김구식이다. 그나저나 너는 누구인데 남자 이름을 함부로 입에 올리느냐? 남녀유별도 모르는가?"

구식이는 똥 씹은 얼굴로 여자애를 흘겨보고는 걸음을 옮겼다.

"김구식, 같이 가!"

"넘어지겠어요. 조심하세요, 아가씨!"

휘청대는 여자애를 뒤에 있던 여자 종이 붙잡았다. 구식이가 고소하게 여기며 성큼성큼 가려는데 웬 남자가 히죽 웃으며 앞을 가로막았다. 구식이보다 머리 하나 더 붙은 만큼 키가 컸다.

"헤헤, 저는 아가씨 집에서 일을 봐드리는 복동이라고 하거든요. 웬만하면 우리 아가씨랑 같이 가시지요."

실없이 웃지만 힘깨나 쓸 것 같은 다부진 복동이의 모습에 구식이는 여자애를 돌아보며 버럭 화를 냈다.

"대체 넌 누군데 나한테 이러는 거야?"

"나를 기억하지 못한단 말이야? 나 개화야, 신개화!"

"신개화? 어디서 들어 본 이름 같은데! 혹시 나와 정혼을 맺은 사이……?"

"무슨 그런 끔찍한 소리를!"

개화의 말에 구식이는 안도의 한숨을 내쉬었다.

구식에게는 이미 혼인을 약속한 정혼자가 있었다. 구식이보다 다섯 살이나 많은 정혼자는 한마을에 사는 처자로, 구식이 태어나기도 전에 할아버지가 친구 분과 맺어 놓은 인연이었다. 한숨을 내쉬는 구식이 옆에서 개화가 빙글빙글 웃으며 말했다.

"하긴, 우리가 하마터면 혼인을 올릴 뻔했지. 너희 할아버지의 약속만 아니었다면 말이야. 너희 할아버지가 막걸리 한 사발에 취하셔서 친구 분과 사돈을 맺기로 약속하셨다니 얼마나 다행이냐? 안 그랬으면…… 어휴!"

가슴을 쓸어내리던 개화는 미곡 창고 앞에 쌓인 쌀가마니를 보더니 갑자기 눈이 휘둥그레졌다.

"세상에나, 저게 다 뭐야?"

"쌀가마니잖아. 대체 어디서 살다 왔기에 쌀가마니를 모르냐?"

구식이가 불퉁거렸다.

미곡 창고 앞에는 여전히 쌀을 실은 우마차가 줄지어 늘어서 있었다.

"쌀인 줄 누가 모르나? 우리나라 농부들이 애써 농사지은 쌀이 일본으로 가는 것도 알고 있다고. 눈앞에서 저걸 보고도 넌 아무렇지도 않아?"

"뭐가?"

"뭐가라니? 세상이 어떻게 돌아가는지 신문은 보고 사니?"

무슨 뜻이냐고 묻는 말이었는데 개화는 들고 있던 신문을 던지듯 구식이의 가슴에 안겼다. 사실 구식이는 신문이 무엇인지 잘 몰랐다. 그래도 개화한테 무시당하고 싶지는 않았다.

"남이야 어떻든 무슨 상관이야? 그리고 어째서 여자가 사내대장부에게 아랫사람 대하듯 하는 거야? 내가 친구라도 되는 줄 아나?"

구식이의 말에 개화가 빙그레 웃었다.

"난 여자 맞고, 친구도 맞아. 지금은 한성에서 아버지랑 살지만 여섯 살 때까지 너희 옆집에 있는 할머니 댁에서 살았거든. 그때 날마다 함께 놀았는데. 이제 보니 너 기억력이 정말 형편없구나?"

그제야 구식이도 어릴 적 기억이 떠올랐다.

"한성? 그러고 보니 아버지 친구 분 중에 역관(외국어를 통역하는 관리)이 있다고 들은 것 같기도 한데."

"바로 우리 아버지야. 조정에 아라사(러시아) 말을 할 줄 아는 역관이 드문데 요즘 황제께서 아라사와 연락을 자주 하셔서 아버지가 많이 바쁘시거든."

개화의 아버지 신 역관은 원래 중국어를 통역하는 역관이었다. 개항을 한 뒤 대한제국은 많은 나라와 교류를 하게 되었고 그에 따라 한성에 외국어를 가르치는 학교가 여럿 세워졌다. 1896년에는 러시아어를 가르치는 아어 학교가 생겼는데, 거기서 공부한 신 역관은 러시아와 긴밀한 관련을 맺는 요즘 조정에서 없어서는 안 될 중요한 사람이었다.

"그래서 내가 아버지 대신 널 데리러 왔어. 너희 아버지가 예전에 맡겨 두신 보물을 보관하고 있으니 이제 찾아가라고 하시던데?"

"보물?"

구식이의 눈이 소처럼 커졌다. 순간 머릿속에 황금 덩어리가 그득한 큰 궤짝이 떠올랐다.

"흐흠, 그런 게 있으면 가져올 것이지."

구식이는 짐짓 관심 없는 척 점잖은 목소리로 나무라면서 개화가 안긴 신문을 소맷자락에 챙겨 넣었다.

일본과 무역할수록 대한제국에는
남아나는 물건이 없을 것이오!

⊙ 전라도 임피에 사는 정OO(여, 38세)는 요즈음 이십여 년 만에 일찌감치 잠자리에 들 수 있게 되었다. 그러나 정씨는 일찍 자리에 누워서도 울화가 치밀어 속 편히 잠들 수 없다고 하소연한다. 스물다섯 살에 남편을 잃고 혼자서 아들 하나를 키우는 정씨는 "십 년 넘게 아들과 살며 힘든 고비가 많았지만 지금처럼 힘들지는 않았던 것 같소. 그동안은 밤낮으로 베틀에 앉아 있으면 우리 두 식구 먹고 사는 일은 해결할 수 있었다오. 그러나 근래에 들어서는 천을 사겠다고 나서는 이가 없으니 우리 모자 굶어 죽게 생겼소!" 하니 대체 대한제국에 무슨 일이 일어나고 있는가?

포목점을 운영하는 김OO(여, 56세)는 이렇게 말한다.

"사연이 딱한 줄은 알지만 어쩔 수 없는 일이 아니겠소? 요즘 들어 일본에서 옷감이 많이 들어온다오. 값이 훨씬 싼 것은 물론이고 부드럽기가 아기 궁둥이에 비할 바가 아니라오. 사람들이 수입한 옷감만 찾으니 낸들 어쩌겠소?"

사실 일본에서 들여오는 천은 영국에서 만들어진 것이다. 아직 그만한 기술이 발달하지 않은 일본은 영국에서 들여온 천을 대한제국에 되팔면서 중간에서 큰 이익을 남겼다. 이것은 비단 천에만 해당되는 문제가 아니었다. 콩기름과 들기름으로 불을 밝히던 대한제국의 밤은 어느새 등유가 그 자리를 차지했다. 대장간에서 며칠에 걸쳐 만드는 못이나 솥 등도 일본에서 들여온 것들로 바뀌고 있는 형편이다. 그러하니 이곳이 과연 대한제국인가, 일본인가?

더욱 큰 문제는 일본으로 농작물이 무한정 수출된다는 데 있다. 쌀과 콩 등이 일본으로 빠져나가면서 지금 대한제국 백성들은 극심한 식량 부족에 시달리고 있다. 《서

▲ 일본의 배만 불려 주는 불평등 조약

《유견문》을 쓴 유길준은 일찍이 이런 상황을 꿰뚫어 보아 이렇게 이야기했다.

"일본에서 들여오는 상품은 기계로 무제한 만들 수 있소. 그러나 우리가 일본에 수출하는 농작물은 땅에서 나오는 것이라 그 끝이 있게 마련이오. 두 나라의 교역이 늘어나면 늘어날수록 우리나라에는 남아나는 물건이 하나도 없게 될 것이오."

오늘날 상황은 1876년에 맺은 강화도 조약에서 비롯되었다. 원래 나라 간에 교역을 할 때는 관세를 매겨야 하건만, 지식이 부족했던 대한제국은 강화도 조약에서 일본과 관세를 매기지 않는 교역을 하기로 했다. 그 때문에 일본 상인들은 관세 없는 우리 농작물을 싸게 사들여 일본에서 비싸게 팔면서 배를 불리고 있다. 게다가 공장에서 대량 생산하여 값싸게 팔 수 있는 일본 옷감을 들여와 오랜 시간 공을 들여야 하는 대한제국의 직물 산업까지 망가뜨리고 있으니 그 책임을 어디에 묻는단 말인가!

과부는 재혼하고
과거는 폐지되고

"어서 너희 집에 가자. 한성에서 배를 타고 오는데 어찌나 흔들리던지! 복동이는 잘 참았는데 나랑 갑순이는 먹은 걸 다 게워 내고 말았거든. 연이 언니가 밥 한 그릇은 주겠지?"

"우리 누나까지 안다고?"

누나 이야기가 나오자 구식이의 말이 사뭇 거칠어졌다.

구식이는 일찍 부모님을 여의고 연이와 둘이서 살고 있었다. 사실 아버지 계획대로라면 연이는 2년 전부터 시댁에서 살아야 했다. 할아버지처럼 아버지도 사돈을 맺기로 약속한 친구가 있었다. 아버지가 돌아가신 뒤에도 친구분은 약속을 지켜야 한다며 혼인식을 올리게 했다.

그런데 혼인식을 치른 지 한 달이 지났을 무렵 신랑이 그만 세상을 뜨고 말았다. 어릴 적부터 병치레가 잦던 신랑이 혼인식 즈음해서 시름시름 앓더니 그리된 것이다. 갓 새 신부가 된 연이에게는 날벼락과 같은 일이었다. 시댁 어른들은 어린 나이에 혼자 지내는 구식이를 생각해 연이를 친정으로 돌려보냈다.

"새색시가 된 연이 언니는 얼마나 예쁠까?"

"새색시 아닐 때도 우리 누나는 워낙 예뻤거든!"

누나 일을 생각하니 구식이는 다시 부아가 치밀었다. 둘이서 단란하게 살면 문제가 없으련만 몇 달 전부터 친척 어른들이 연이를 또다시 시집보내려고 했다. 여자가 두 번 결혼하는 건 예전 같으면 꿈도 못 꿀 일이었다. 하지만 연이한테 반한 박 부자가 과부들도 재혼할 수 있다고 바뀐 법을 들먹이며 친척 어른들을 설득한 것이다. 그 설득이 통한 가장 큰 이유는 박 부자가 동네에서 가장 잘살기 때문이기도 했다.

"연이 언니가 시집간다는데 너는 좋지 않아? 매형도 생기고 머지않아 예쁜 조카도 생길 텐데."

"넌 누나 이야기밖에 할 말이 없니?"

괜한 트집이라는 걸 알면서도 구식이는 개화에게 버럭 화를 냈다. 혼례를 올리기로 한 뒤 연이가 박 부자 집에서 같이 살자 했던 말이 떠오른 탓이다. 구식이는 죽으면 죽었지 가지 않겠다며 차라리 혼자서 집을 지키겠노라고 고집을 부렸다. 그러면 연이가 혼인하지 않겠다고 할 줄 알았다. 그런데 연이는 구식이에게 뜬금없이 한성에 있는 아버지 친구 집으로 가라고 했다. 구식이는 마음이 상해 어깃장을 놓기는 했지만 아무도 없는 집에서 혼자 살기는 싫었다.

'이참에 한성이나 가 볼까? 아버지가 남긴 황금 궤짝도 있다는데.'

마당으로 들어서니 마루에서 연이를 둘러싸고 동네 여자들이 시끄럽게 떠들고 있었다.

"박 부자가 부자는 부자네. 일본에서 들여온 고급 옷감을 선물로 보내고 말이야. 바다 건너 와서 그런지 참 곱다!"

"그러게 말이야. 이걸로 옷을 해 입으면 날아가는 기분이겠네. 호호!"

여자의 손에는 일본에서 수입한 면직물이 들려 있었다.

"이제 박 부자와 혼례만 올리면 연이는 날마다 이런 옷만 입겠네?"

"두말하면 잔소리지 뭐. 애고머니, 구식이 왔네? 우린 이제 가야겠다."

구식이를 본 여자들이 하나둘씩 자리에서 일어섰고 연이가 개화를 알아보고는 반갑게 맞아 주었다.

연이가 밥을 차리는 사이 개화는 여자들이 만지작거리던 면직물을 보았다. 구식이가 약점을 잡은 듯 비꼬았다.

"쯧쯧, 너도 여자라고 그게 탐나더냐?"

"남자라고 그렇게 잘난 체를 하더니 고작 나를 비웃을 생각밖에 못 하니?"

때마침 연이가 밥상을 내오며 웃었다.

"너희는 어릴 때도 그렇게 다투더니 여전하구나?"

밥상을 물린 뒤 연이와 둘만 남게 되자 구식이가 말했다.

"나는 내일 한성에 갈 거야. 아버지가 예전에 맡겨 두신 보물이 있다니까 찾아와야지."

"보물?"

"개화가 그러더라고. 우리도 예전에는 꽤 잘 살았다면서? 아버지가 편찮으시면서 갑자기 집이 기울었다던데 그때 우리한테 주실 재산을 처분해서 아저씨한테 맡겨 놓으셨던 것 같아. 모르기는 해도 황금 궤짝 같은 게 아닐까 싶어. 직접 받아 가라고 하시는 걸 보면."

'황금'이라고 말할 때 구식이는 목소리를 한껏 낮추었다. 연이가 고개를 갸웃거렸다.

"글쎄다, 그런 게 있을 리가 없는데. 어쨌든 보물이 있다니 나도 이제 한시름 놓겠다."

"내 걱정은 안 해도 돼. 황금 궤짝만 있으면 집안을 일으키는 건 시간문제니까. 누나도 시집가서 기죽지 않아도 되고. 어쩌면 우리가 박 부자보다 더 부자가 될지도 몰라."

"매형 될 사람한테 꼬박꼬박 박 부자가 뭐니?"

연이가 나무랐지만 구식이 귀에는 아무 소리도 들리지 않았다.

"한성에 가는 건 좋은데 개화인지 뭔지 하는 쟤가 영 걸리네. 남자인 내가 하는 말에 하나도 안 지고 사사건건 말대꾸를 한다니까!"

걱정스러운 눈으로 지그시 구식이를 보던 연이가 물었다.

"구식이 넌 누나도 창피하겠구나? 여자가 두 번이나 시집가니까 말이야."

"그…… 그거랑은 다르지."

"구식아, 세상이 바뀌고 있어. 예전 같으면 누나가 또 시집갈 수 있었겠니? 누나처럼 자식도 없이 과부가 된 여자들이 어찌 살았을 것 같아? 할 수 있는 일이라고는 바느질밖에 없는데, 삯바느질로는 입에 풀칠하기도 어렵지. 굶어 죽더라도 과부는 재혼할 수 없는 세상이었어. 그런데 지금은 집안 어른들이 나서서 다시 시집보내려고 하잖아. 너도 앞으로는 개화랑 지내면서 새로운 세상을 배워. 새로운 세상은 여자든 남자든 차별하지 않는대. 또 그래야만 우리 집안도 다시 일으킬 수 있지."

구식이는 금세 풀이 죽었다. 집안을 다시 일으켜야 한다는 건 어릴 때부터 귀에 못이 박히도록 들어온 말이었다. 하지만 무엇을 해야 좋을지 알지 못했다. 과거 시험이 있었다면 장원 급제라도 노려 보겠지만 그마저도 사라진 마당에 구식이가 할 수 있는 일은 별로 없었다. 그래도 구식이는 《논어》니《맹자》같은 공부를 게을리 하지 않았다. 아버지가 물려주신 책이니 읽어 두면 언젠가는 크게 쓸모가 있을 것이라 믿고 있었기 때문이다. 그러는 동안 연이가 또다시 혼인하게 되었으니 구식이는 꼭 제 탓인 것만 같아 고개를 들 수가 없었다.

"내일 간다니 짐을 좀 챙겨 두어야겠구나!"

연이는 낡은 옷가지와 함께 공부하던 책도 주섬주섬 챙겨 넣었다. 문득 눈시울이 붉어진 구식이는 밖으로 나와 방문에 대고 괜히 불퉁거렸다.

"내일이 혼례인데 남 걱정은! 과거 시험도 없어진 마당에 그깟 책은 챙겨서 뭐 하려고!"

"어휴, 과거 시험 없어진 지가 언제인데 아직도 과거 타령이야?"

연이 방에 있던 개화가 문을 열고는 한숨을 내쉬며 핀잔을 주었다.

구식이는 개화가 한성에 산다고 잘난 체하는 것 같아 괜히 어디서 얻어들은 이야기들을 줄줄이 읊었다.

"갑오개혁 때 과거 시험 없어진 건 나도 알고 있거든. 그때 법이 바뀌는 바람에 우리 누나가 박 부자한테 시집가는 거잖아. 너무 어린 나이에 혼인을 올려도 안 된다며? 그래서 내 나이에는 정혼자와 혼례를 올릴 수 없다는 것도 알아. 나도 신문인지 뭔지 보고 산다고!"

신문에서 본 것은 아니었지만 개화한테 무시당하기 싫어 구식이는 거짓말을 했다. 개화가 준 신문을 슬쩍 보니 이런 것들이 나와 있을 법했기 때문이다. 다행히 개화는 구식이의 말을 트집 잡지 않았다. 대신 빙글빙글 웃으며 구식이를 보았다.

"오호, 이제 보니 언니는 시집가는데 너는 장가 못 가게 되어서 뿔이 난 게로구나?"

"에잇, 누가 그렇대?"

당황한 구식이는 문을 쾅 닫고 도로 방으로 들어갔다.

점심쯤 되자 마당이 소란스러웠다. 박 부자가 부리는 일꾼들이 마당에서 혼례 준비를 하고 있었기 때문이다. 그렇지 않아도 좁은 마당에 병풍이며 혼례상이 차려지고 나니 사람들이 설 자리도 부족했다. 혼례상 위에는 보자기에 꽁꽁 싸인 닭이 옴짝달싹 못하고 마당을 오가는 사람들을 노려보며 '꼬꼬' 하고 신음했다. 신랑인 박 부자는 뭐가 그리 좋은지 연신 함박웃음을 지으며 일꾼들에게 지시를 내렸다. 막 방에서 나온 구식이는 연이보다 열 살이나 많은 박 부자를 떨떠름한 얼굴로 쳐다보았다.

"허허, 우리 처남 나오셨구만! 누나가 참으로 곱지 않은가? 틀림없이 우리 마을에서 가장 예쁜 신부가 될걸세."

"행여나 우리 누나 눈에서 눈물 나게 하면 내가 가만있지 않을 겁니다."

"어이쿠, 우리 처남이 알고 보니 꽤나 야무지네 그려! 허허허!"

박 부자는 구식이가 불끈 쥐어 보인 주먹마저도 귀엽다는 듯 너털웃음을 웃었다.

구식이는 연이가 있는 방으로 들어갔다. 연지곤지를 찍고 원삼을 입은 연이의 머리에 족두리가 올라앉는 중이었다.

"세상 참 좋아졌어! 우리 연이, 청상과부로 늙어 죽는 줄 알았는데."

"그러게 말이야."

"이젠 남편 사랑도 받아 보고 자식 키우는 재미도 느껴 봐야지. 젊은 여자 혼자 긴 인생을 외롭고 심심해서 어찌 살겠어?"

연이의 몸치장을 도우며 친척 어른들이 하는 말이었다.

"동생이 있잖아요! 내가 누나 하나 못 먹여 살렸겠어요? 내 자식이 누나 자식이고, 내가 번 돈이 누나 것이나 다름없는데 뭐 좋은 일이라고 다들 그렇게 신이 나셨어요?"

구식이가 버럭 화를 내고는 방을 뛰쳐나왔다. 바닷가까지 단숨에 내달렸는데도 분이 풀리지 않았다.

얼마나 시간이 지났을까? 애꿎은 돌멩이만 바다에 풍덩풍덩 빠뜨리고 있는데 어느 틈에 개화가 다가왔다.

"하나뿐인 누나 혼례식도 안 보고 여기서 뭐 해?"

"알게 뭐야. 어차피 내 허락 받고 올리는 혼례도 아닌데."

속이 잔뜩 꼬여서 말도 곱게 나가지 않았다.

"가자!"

"어딜?"

"한성!"

개화가 구식이의 짐 보따리를 눈앞에 흔들어 보였다.

"혼례식도 잘 끝났고, 언니는 시댁으로 갔어. 언니가 너한테 전해 달래. 앞으로는 언니 걱정 말고 네 앞일이나 생각하며 독하게 마음먹고 살래."

구식이는 가만히 보따리를 노려보았다.

'아버지 보물만 찾아봐! 반드시 집안을 일으키고 말 테니까!'

마침내 구식이는 벌떡 일어섰다. 연이마저 시집으로 가 버린 마당에 더는 미적거리며 고향에 남아 있을 이유가 없었다.

"그래, 가자 가! 나도 여기서 쌀이나 빼앗기는 거 보면서 살기 싫었다고. 아버지가 남겨 주신 보물도 있는데 뭐가 걱정이야!"

구식이는 모질게 마음먹고 배에 올라탔다.

그러나 얼마 안 가 구식이는 똑바로 서 있지도 못하고 뱃멀미 때문에 축 늘어져 있어야 했다. 양반의 품위를 지키고 싶었지만 뱃멀미 앞에서는 아무 소용없는 일이었다.

"웩! 뭍에 닿으려면 아직 멀었어?"

"쯧쯧, 넌 어떻게 갑순이랑 나보다 더 심하냐?"

"머리털 나고 배를 타 본 게, 욱! 처음이니 그렇지…… 웩!"

구식이는 배 속에 있는 것을 모두 게워 내고도 계속 헛구역질을 했다.

갑오개혁으로
새 삶을 살아가고 있소!

⊙ "늘 머리가 묵직하고 가슴이 답답했는데 지금은 십 년 묵은 체증이 내려간 듯 시원하다오."

한성 싸릿골 사는 김OO(남, 41세)는 몸은 고되지만 마음만은 편하다. 오랫동안 김 씨를 괴롭힌 과거 시험이 없어진 탓이다. 김 씨의 집은 대대로 문과 급제자들이 끊이지 않고 나온 명문가였다. 그랬기에 김 씨는 글을 읽기 시작한 때부터 과거에 급제해야 한다는 부담감에서 벗어나 본 적이 한 번도 없었다. 갑오개혁으로 과거 시험이 폐지되자 새로운 세상에 대해서도 남다른 기대감을 갖게 되었다.

"열 살 무렵부터 억지로 과거 시험을 준비했소이다. 하지만 귀동냥으로 옆에서 공부한 사촌 누이가 나보다 더 실력이 좋았지요. 나는 공부보다는 농사가 재미있더이다. 양반이지만 이제는 내가 좋아하는 농사를 지을 생각이오!"

▲ 혼인을 올린 새 신부 가마

김 씨는 과거 시험뿐 아니라 다른 것도 갑오개혁의 덕을 보았다며 자랑을 했는데, 얼마 전에 새로 장가를 들었기 때문이다. 몇 년 전 아내를 잃은 김 씨와 새로 혼인한 이는 강OO(여, 29세)이다. 강 씨는 첫 번째 혼인에서 3년 만에 남편을 잃고 작년까지도 홀로 시어머니를 모시고 살았다. 시어머니가 돌아가시자 아이도 없이 혼자 사는 강 씨에게 혼인을 권

▲ 재혼한 뒤 아기까지 갖게 되어 기쁜 강 씨

한 사람은 바로 강 씨의 어머니였다. 한 마을에 사는 김 씨를 눈여겨봐 두었던 강 씨의 어머니가 적극적으로 강 씨의 혼인을 추진했다.

김 씨와 강 씨의 삶을 완전히 달라지게 한 갑오개혁은 1894년, 일본의 요구로 이루어졌다. 개화파 김홍집을 중심으로 군국기무처라는 기관이 설치돼 여러 가지 개혁 정책을 폈다. 과거 제도 폐지와 과부의 재혼을 허용하는 것 말고도 신분제를 폐지하고, 어린 나이에 혼례를 금지하고, 죄지은 자의 가족에게까지 죄를 묻는 연좌제를 폐지하기도 했다. 당시 우리나라 백성들이 필요로 했던 문제들을 바꾸었다는 점에서는 긍정적이라 할 수 있다.

하지만 일본 화폐도 대한제국에서 쓸 수 있게 하는 등 갑오개혁은 일본의 이익을 보장하는 내용도 다수 포함하고 있었다. 이는 갑오개혁이 일본에 의지해서 시작되었다는 한계점을 드러낸 것으로, 백성들의 지지를 받지 못하는 이유가 되기도 했다. 백성들은 갑오개혁을 이끈 대신들을 '왜(일본) 대신'이라 부르며 비난하기도 했다. 조선이 근대 국가로 나아가는 데 밑거름이 되는 갑오개혁에 아쉬움이 남는다.

외국어 학교에 가다

아침밥을 먹은 뒤 신 역관이 구식이를 불렀다. 구식이는 드디어 보물을 받는구나 싶어 웃음을 감추지 못하고 신 역관의 방으로 들어갔다.
"한성에서 보낸 첫날인데 좋은 꿈은 꾸었느냐?"
"예, 잘 잤습니다. 다 아저씨 덕분이에요."
구식이의 얼굴을 빤히 보던 신 역관이 물었다.
"구식아, 너는 우리나라가 살려면 어찌해야 한다고 생각하느냐?"
"당연히 쇄국(다른 나라와 교역을 금지하는 것)을 해야지요. 고향에 살 때 많은 쌀이 일본으로 실려 가는 것을 보았어요. 그게 다 개항했기 때문 아니겠어요? 부족하더라도 자기 나라에서 나는 것을 먹고 살아가는 게 옳다고 생각해요."
구식이는 자신만만하게 그동안 했던 생각들을 말했다.
한동안 묵묵히 고개를 끄덕이던 신 역관이 나직한 목소리로 혼잣말처럼 중얼거렸다.

"안으로는 백성에게 가혹한 조세가 매겨지고 탐관오리들이 판을 치고 있다. 밖으로는 탐욕스럽게 밀고 들어오는 외세가 득실대지. 힘없는 정부는 그에 맞서서 아무런 대응책도 갖지 못하고 있고. 그 모든 문제들이 개항을 해서란 말이지? 그러니 세상의 모든 나라가 변하고 있는데도 예전처럼 쇄국을 하여 우리끼리 사는 것이 좋겠다?"

구식이는 신 역관이 하는 말을 도통 이해할 수가 없었다. 신 역관은 무슨 생각인지 한동안 아무런 말이 없었다. 무릎이 저려 왔지만 구식이는 의젓해 보이려 애쓰며 말을 꺼냈다.

"그간 저희 아버지께서 맡기신 물건을 보관하시느라 얼마나 애를 쓰셨습니까? 물건을 돌려주시면 오늘이라도 고향으로 돌아갈까 합니다."

신 역관이 고개를 들었다.

"너희 아버지가 남긴 보물이라! 너는 그 보물이 무엇이라 생각하느냐?"

"보물이라 하시니…… 황금이 가득 든 궤짝이 아닐까요?"

구식이가 해맑게 웃었다. 그럴 줄 알았다는 듯 신 역관의 얼굴에 잔잔한 미소가 떠올랐다.

"그 보물을 갖고 고향으로 돌아가서는 무엇을 하려고?"

"당연히 땅을 사야지요. 집도 멋지게 짓고 일할 사람도 몇 명 두어야겠지요. 또 사람을 시켜서 농사도 지을 거예요. 그 정도 금덩어리면 가문을 일으키기에 부족하지는 않을 듯해요. 과거 시험이 없어져서 나랏일을 할 수 없다는 것이 조금 아쉽지만요."

입을 꾹 다문 채 표정 없는 신 역관의 얼굴은 왠지 모르게 무서워 보였다. 그래도 구식이는 꿋꿋하게 할 말을 마쳤다.

한동안 생각에 잠겨 있던 신 역관이 마침내 무겁게 입을 열었다.

"나랏일을 해서 이름을 날리고 싶으냐? 그렇다면 꼭 과거 시험이 아니라도 방법이 있다."

"그런 방법이 있었어요? 그렇다면 보물을 받아 땅도 사고 집도 산 다음에 차차 준비하도록 해야겠네요."

"아니! 너도 알다시피 그 큰 보물을 맡기에는 네가 너무 어리지 않느냐? 그래서 네게 선뜻 주어도 되는지 알아보기 위해 몇 가지 시험을 하려고 한다. 그 시험에서 '통'을 받아야만 보물을 받을 수 있는데 괜찮겠느냐?"

구식이는 자신만만한 얼굴로 힘껏 고개를 끄덕였다. 신 역관이 이렇게까지 하는 것을 보니 황금 궤짝이 어마어마한 게 틀림없었다. 한편으로는 걱정도 되었다. 커다란 황금 궤짝을 얻으려면 그 시험은 또 얼마나 어려울까 싶었던 것이다.

"근데 문제가 뭔가요? 과거 시험처럼 엄청나게 어려울까요? 《맹자》에서 내실 건가요? 《논어》에서 내실 건가요?"

구식이가 《맹자》와 《논어》의 글귀들을 떠올리며 묻자 신 역관이 천천히 고개를 저었다.

"내 심부름을 하면 된다."

"네? 그게 다예요?"

"한 가지 더! 내가 심부름을 시킨 이유까지 알아내야 하지. 두 가지 다 흡

족하게 마쳤을 때 비로소 통을 받을 수 있느니라. 시험은 통을 받을 때까지 계속될 것이다. 할 수 있겠느냐?"

"저 김구식은 시험에서 반드시 통을 받을 것이며, 시험을 포기하는 일은 절대로 없을 겁니다! 남아일언중천금! 남자 대 남자로 약속드립니다."

구식이가 선서라도 하듯 자신만만하게 외쳤다.

"패기 한번 좋구나! 오늘은 내가 주는 서신을 한성 영어 학교 교장에게 전하고 오너라. 한성 영어 학교 가는 길은 복동이가 알고 있으니 데리고 가면 도움이 될 거다. 이것이 첫 번째 시험이다."

"알겠습니다. 걱정 마세요!"

신 역관의 방을 물러나온 구식이가 고개를 갸웃거리며 중얼거렸다.

"시험이란 게 아랫것들이나 하는 간단한 심부름이라고? 근데 심부름을 시킨 이유는 왜 알아야 할까?"

구식이는 신 역관이 준 서신을 앞뒤로 뒤집어 보았다. 봉투에는 아무것도 쓰여 있지 않았다. 그냥 평범한 서신이었다.

"어쨌든 가 보면 알겠지!"

잠시 뒤, 구식이는 복동이와 함께 길을 나섰다.

"복동아, 한성 영어 학교가 뭐 하는 곳이야?"

"서당 아시죠? 한성 영어 학교니까 다른 나라 말을 배우는 서당 같은 곳 아니겠어요?"

"다른 나라 말을 배우는 서당이라고? 서당이라면 한자를 배워야지 어째서 다른 나라 말을 배운다는 거야?"

"한자를 배우는 곳이 있으면 다른 나라 말을 배우는 곳도 있는 거지요, 뭐."

"도대체 그런 것들을 배우려는 사람들이 있단 말이야?"

구식이가 믿을 수 없다는 얼굴로 물었다.

"암만요! 일본이나 청나라 말은 물론이고 요새는 영국, 미국, 덕국(독일), 법국(프랑스) 말을 배우려는 사람들이 얼마나 많은데요. 그런 말을 가르치는 학교를 세우라고 황제께서 명령하셨다는데 도련님은 여태 몰랐나 보네요?"

"황제께서? 왜?"

"나야 모르지요. 여러 나라랑 교류를 하려니 그러셨나?"

손가락으로 턱을 문지르던 복동이가 팔짱을 끼며 말을 이었다.

"한번 생각을 해 보자고요. 우리랑 교류하자고 일본뿐 아니라 서양에서도 온 건 알고 있죠? 교류를 허락하든 거절하든 그 나라 말을 할 줄 알아야 뭘 하지 않겠어요? 그런데 다른 나라 말을 할 줄 아는 관리가 하나도 없는 거예요. 외국어를 할 줄 아는 관리를 키우려고 육영 공원을 세우고 외국인을 불러와 말을 가르치도록 했잖아요. 학생들은 주로 나라에서 높은 자리를 차지한 분들의 자식들이었고요."

"육영 공원?"

"예! 비록 지금은 없어졌지만 듣기로는 그 학교에서는 죄다 다른 나라 말로만 공부했다네요. 그뿐인 줄 아세요? 외국어 학교 말고도 어린아이들이 다니는 소학교, 광산 일을 가르치는 광무 학교, 상업과 공업을 가르치는 상공 학교도 있는걸요."

복동이의 설명에 구식이는 벌린 입을 다물 수 없었다. 학문이라고는 서당에서 훈장님께 배운 게 전부인 구식이에게 학교라는 곳은 상상도 할 수 없는 곳이었다. 기껏 중얼거린 말이라고는 이 한마디가 다였다.

"나라가 망하려나 보구나."

"그건 또 무슨 말이래요?"

"훈장님이 그러셨어. 사람이란 모름지기 나라에 충성하고 부모님께 효도하며 옛사람들의 말씀을 읽고 따르면 그뿐이라고. 온갖 기술에 평생 구경도 못 할 나라 말을 배워서 도대체 뭘 한단 말이야? 그리고 상업이라면 장사를 말하잖아. 대체 누가 그런 천한 일을 배운다고!"

구식이가 비웃자 복동이가 배를 척 내밀며 말했다.

"나요! 난 장사하는 공부도 해 보고 싶고 광부가 되는 공부도 하고 싶네요. 농사지을 땅 없는 나 같은 사람은 그런 공부가 필요해요. 도련님은 그냥 글공부해요. 난 할 수만 있으면 기술을 배울 테니까. 생각해 보니 그런 기술은 나 같은 노비 출신들한테 꼭 필요한 공부 같네요. 도련님 같은 샌님보다는 우리가 공부도 훨씬 더 잘할 것 같은데, 안 그래요?"

구식이는 복동이가 자기를 약 올리는 건지 가르치는 건지 알 수 없어 입맛만 쩝쩝 다시다가 한성 영어 학교에 거의 다 왔을 무렵 한마디 던졌다.

"여기저기서 얻어들어 아는 것도 참 많구나."

은근히 잘난 척하는 게 기분 나빠서 비꼰 말이었지만 복동이는 히죽거리며 좋아했다.

"히히, 그런 말 좀 들어요."

둘은 신 역관의 서신을 교장에게 전달했다. 서신을 본 교장은 다짜고짜 구식이를 수업이 한창인 교실로 데려갔다.

"이제 막 공부를 시작한 반이라 아주 쉬울 거다."

문을 열고 나온 선생님은 옅은 갈색 머리에 눈이 깊고 눈동자가 푸른 외국인이었다. 교장이 구식이의 등을 앞으로 밀며 말했다.

"오늘부터 함께 공부할 학생입니다."

외국인 선생님은 활짝 웃으며 구식이에게 한 손을 내밀었지만 구식이의 낯은 흙빛이 되었다. 잠깐 눈이 마주쳤을 뿐인데도 머리가 어질어질하고 혼이 나가는 것처럼 정신이 없었다. 저만치 떨어져 있는 복동이를 돌아보았으나 복동이는 안심하라는 듯 빙긋 웃었다.

"공부 마치실 때까지 기다릴 테니까 걱정 마세요."

그 말이 허락이라도 되는 듯 선생님은 구식이를 끌고 교실로 들어갔다.

구식이는 외국인 선생님의 눈길을 피하며 학생들을 보았다. 외국인 선생님은 제법 능숙하게 우리말로 말했다.

"같이 공부할 학생들에게 인사하고 자리 앉으세요우."

"저는…… 딸꾹! 그게 아니고…… 딸꾹! 저는…… 딸꾹!"

구식이는 이 학교에 다니러 온 게 아니라고 말하고 싶었으나 십여 명이 넘는 사람들이 말똥말똥 쳐다보는 통에 놀라서 생각지도 않은 딸꾹질이 나왔다. 구식이 또래는 한두 명이나 있을까 싶고 나머지는 그보다 많아 보였다. 상투를 튼 사람도 있었다.

"따라하세요우. 하우 아우 유!"

"하우 아우 유!"

학생들은 입을 앞으로 쭉 내밀고서는 선생님 말을 따라했다.

'짐승 울음소리를 흉내 내는 것도 아니고 저게 뭐 하는 짓이람? 쳇!'

구식이는 왜 자기가 교실에 앉아 있는지 이해할 수가 없었다. 교장이 뭔가 오해를 한 게 틀림없다고 생각했다. 선생님은 학생들에게 인사말을 몇 가지 더 가르친 뒤에 칠판에 적힌 글씨를 베껴 쓰라고 했다.

"대한제국 사람들 청이나 일본 사람들보다 외국어 빨리, 완벽하게 배웁니다. 구식이 금세 배울 수 있습니다. 오늘은 처음이니 이것 연습하세요우."

선생님이 준 종이에는 알파벳이 적혀 있었지만 구식이 눈에는 지렁이가 춤추면서 미끄러진 것으로밖에 보이지 않았다. 학생들은 진지한 얼굴로 이상하게 생긴 글씨를 옮겨 적고 있었다. 종이 울리자 외국인 선생님이 밖으로 나갔다. 선생님이 교실을 나갔는데도 학생들은 책상에 고개를 박은 채 글씨 쓰기에 여념이 없었다. 구식이가 나가려 하자 옆자리의 아이가 붙잡았다.

"잠시 쉬었다가 다시 공부할 거야. 다음은 산술을 공부할 거니까 산가지를 준비하면 돼. 산술 시간이라고 해도 다 영어로 설명하거든. 통역 선생님이 계시기는 하지만 처음에는 조금 어려울 수 있어. 옆에서 내가 도와줄 테니 너무 걱정 마."

"산술이 뭘 하는 거야? 산가지는 또 뭐고?"

"덧셈과 뺄셈을 공부하는 거지. 이게 산가지인데 이걸로 계산하면 쉽게 이해가 돼."

학생이 손가락 길이만큼 잘라 낸 나뭇가지 묶음을 흔들고는 다시 글씨를 옮겨 썼다.

"아, 그러니까 산술은 시장 상인들처럼 계산법을 배우는 거로군? 넌 상인이 될 거야?"

"아니. 왜?"

옆자리 학생은 글씨를 옮겨 적다 말고 구식이를 보았다.

"상인이 될 것도 아니면서 산술은 배워 무엇에 쓰려고?"

"뭣이든 다 쓸 수 있지. 집에 숟가락이 몇 개 있는지 셀 수도 있고 또……."

"쿡쿡, 고작 집에 숟가락이 몇 개인지 몰라서 산술을 배운단 말이야?"

구식이가 한심하다는 눈으로 보자 기분이 상한 아이는 입을 다물었다.

슬그머니 자리에서 일어나 밖으로 나오던 구식이는 우리나라 선생님과 마주쳤다.

"이제 공부 시작인데 어디 가느냐?"

"그게 아니고, 저는 심부름 온 것뿐인데 뭔가 착오가 있었던 것 같아요. 지금쯤 집에서 걱정하고 계실 거예요."

"공부하러 온 게 아니란 말이냐?"

"예! 저는 서신을 전하라는 심부름을 온 거라고요."

"허, 우리 교장 선생님이 학생을 가르치고 싶은 마음이 너무 앞섰나 보구나. 간혹 어린 학생들을 보면 교실로 무작정 끌고 오시는 분이니 너무 원망은 말거라. 집에서 걱정하시면 안 되지. 이만 돌아가도록 해라."

구식이는 허리를 깊이 숙여 꾸벅 절을 한 뒤에 돌아섰다. 저만큼 걸어가던 선생님이 다시 구식이를 불러 세웠다.

"그런데 말이다. 이곳에서 공부를 하고 싶은 생각은 없느냐? 공부를 마치면 쓰일 곳이 많을 텐데."

구식이는 대답 대신 다시 한 번 허리를 깊이 숙여 인사했다. 선생님은 아쉬운 듯 무언가를 말하려다 교실로 들어갔다. 구식이는 행여 누가 뒷덜미라도 낚아챌까 봐 달음질치듯 학교를 빠져나왔다.

"복동아, 복동아!"

다급하게 부르는 소리에 골목 어귀에 있던 복동이가 달려왔다.

"벌써 마치셨어요?"

구식이 뒤쪽을 기웃거리던 복동이가 다른 학생들이 보이지 않자 나무라듯 물었다.

"쯧쯧, 도망쳐 나오셨습니까?"

"도망치긴! 서신을 전하라는 심부름을 온 건데 내가 왜 공부를 해야 해?"

"나 같으면 얼씨구나 좋다고 공부하겠네요."

복동이는 제 일처럼 아쉬워했다.

집에 도착한 구식이는 괜히 집 안팎을 두리번거렸다. 부엌에서 갑순이가 일을 할 뿐 집 안은 조용했다. 복동이가 물었다.

"뭘 찾으신대요?"

"개화 말이야. 시끄럽게 떠들어 대더니 웬일로 조용하네."

"아가씨는 이화 학당에 가셨지요."

"이화 학당? 그건 또 뭔데?"

"음, 여자들이 다니는 서당이라 할 수 있죠."

"푸하하하. 아무리 내가 한성을 처음 왔기로서니 여자가 서당에 다닌다는 말도 안 되는 소리를 믿을 것 같아?"

복동이는 고개를 가로 저으며 입을 다물었다. 일을 마치고 집으로 돌아온 신 역관이 구식이를 불렀다.

"그래, 심부름은 잘 했느냐?"

"예. 교장이라는 분께 잘 전달했어요."

"별일은 없었더냐?"

"그게…… 저를 끌고 학생들이 공부하는 곳에 앉혀 놓으시는 바람에 잠깐 앉아 있다가 왔어요."

"그래? 공부해 보니 어떻더냐?"

신 역관이 눈빛을 반짝이며 물었다.

"공부랄 것도 없었어요. 영어라는 말은 꼭 짐승 울음소리 같았어요. 하우 아우 유우? 파인 땡큐우 앤두유? 길게 내빼는 소리가 소가 길게 우는 소리랑 비슷하지 않으세요?"

"어이쿠, 잘 기억하고 있구나. 또 무엇을 배웠느냐?"

신 역관이 기특하다는 듯 미소를 머금고 구식이를 보았다.

"배우기는요. 그냥 나왔지요."

"어째서?"

신 역관이 자꾸만 묻자 구식이는 심부름 시킨 이유를 찾아야 한다는 말이 떠올랐다.

'옳거니! 시험을 쳤으니 답을 내놓으라는 말씀이시군! 그렇다면 이번 시험은 내 사리 분별력을 보시려는 건가 보다. 그 많은 보물을 간수하려면 분별 있게 행동할 줄 알아야 한다는 뜻이겠지?'

구식이가 빙긋 웃으며 자랑스럽게 답했다.

"저는 심부름을 갔을 뿐인데 거기 앉아 있을 이유가 없잖아요. 그러니 뭔가 잘못되었다고 말하고는 나왔지요. 거기 교장이라는 분이 저처럼 어린애들을 보면 무작정 끌고 가서 공부를 시킨다고 하더라고요. 제가 제대로 판단했기에 망정이지 안 그랬으면 아무짝에도 쓸모없는 공부를 할 뻔했지요."

"외국어를 배우고 싶은 생각은 눈곱만큼도 들지 않더냐?"

신 역관이 심각한 얼굴로 물었다. 구식이는 말도 말라는 듯 손사래를 치며 대답했다.

"아이 참, 제가 아저씨처럼 역관을 할 것도 아닌데 외국어는 배워서 뭘 하겠어요. 또 산술이라는 것도 가르친다는데 그게 상인들이나 필요한 계산법이래요. 상인이 될 생각은 해 본 적도 없는데 계산법 따위는 배워서 어디 쓰겠어요?"

"그 말인즉 새로운 것을 배우는 게 쓸모없는 일이라는 뜻이로구나. 흠!"

신 역관이 한숨을 내뱉었다.

'답이 틀렸나?'

무거워진 분위기를 눈치챈 구식이는 신 역관의 눈치를 보며 조심스럽게 말했다.

"쓸모없기까지야 하겠어요? 역관이나 상인이 될 게 아니니 저한테는 그런 공부보다는 맹자와 공자의 말씀처럼 사람이 살아가는 도리에 대한 공부가 더 낫다는 뜻이지요."

구식이의 대답에도 신 역관의 얼굴은 좀처럼 밝아지지 않았다. 구식이는 다리가 저려 오는데도 일어나지 못하고 앉아 있었다. 마침내 신 역관이 입을 열었다.

"이번 시험은 불통이니라!"

"서신을 전하라는 심부름은 해냈는데 이유를 잘못 찾은 거지요? 제 사리 분별력을 보시기 위한 시험이 아니었습니까?"

"사리 분별력? 하하하!"

한바탕 웃던 신 역관이 말을 이었다.

"애초에 그런 것은 시험하려고 하지 않았느니라. 그 서신에는 너를 학생으로 받아 달라는 부탁이 들어 있었다. 미리 말하지 않았으니 네 자리가 아니라 여기고 그냥 돌아올 수 있겠다는 생각은 하였다. 그걸 나무라는 것은 아니다."

"그럼 뭐가 문제란 말씀입니까?"

"역관이든 상인이든 신분에 따라 정해진 일을 하는 때는 지났느니라. 누구나 필요에 따라 역관이 되기도 하고 상인이 되기도 하지. 대한제국은 그 어느 때보다 많은 인재를 필요로 한다. 인재를 기르기 위해서 다양한 학교를 만들어 놓았고. 그런데 너는 그 학교가 아무런 쓸모가 없고 오직 공자와 맹자의 도리만 높다하지 않느냐? 학교란 사람이 살아가는 도리와 함께 살아갈 수 있는 기술도 가르치는 곳이다. 지위의 높고 낮음, 천한 일과 귀한 일을 나누는 것이 새로운 세상에서 무슨 소용이 있겠느냐?"

묵묵히 이야기를 듣던 구식이의 머릿속에 문득 누나의 말이 떠올랐다.

'누나도 그랬지. 새로운 세상은 남자든 여자든 차별하지 않는다고. 지위의 높고 낮음, 천한 일 귀한 일을 구분하지 않는 새로운 세상이라! 그러니까 이번 시험의 답은 새로운 세상을 배우겠다고 해야 하는 거였어.'

구식이가 알겠다는 듯 크게 고개를 끄덕이자 신 역관이 꿀단지를 두 개 내밀었다.

"내일 이화 학당의 시난돈(스크랜턴) 부인과 황귀비께서 만나신다. 너는 두 분을 뵙고 이 꿀을 전해 드려라. 이게 두 번째 시험이다."

신 역관의 말에 구식이의 얼굴이 급격히 어두워졌다. 이화 학당이라면 개화가 다닌다는, 그러니까 여자들이 다닌다는 학교가 아닌가? 구식이의 얼굴이 시무룩해졌다.

'통을 얻지 못한 벌인가? 그래도 이건 너무 하시잖아. 버젓이 남자인 나를 여자들과 함께 공부하라고 하시다니!'

그러나 신 역관의 표정이 너무나 단호해서 구식이는 싫은 기색을 보일 수도 없었다. 게다가 '남아일언중천금'이라며 큰소리까지 땅땅 치지 않았던가! 시험을 거부할 수도, 아버지가 남긴 황금 궤짝을 포기할 수도 없었다. 구식이는 고개를 푹 숙인 채 꿀단지를 안고 물러나왔다.

개화가 어깨를 축 늘어뜨리고 걷는 구식이를 보며 혀를 찼다.

"쯧쯧, 시험을 통과하고 싶어? 그럼 신문을 봐. 신문에 답이 있다니까."

대한제국은 지금 배우는 중!

▲ 청나라 통역관의 도움을 받던 시절

◉ "대한제국 사람은 P와 F 발음을 구분해서 말할 정도로 어학 능력이 뛰어나지요. 아마도 외국어를 배우는 데만큼은 동양에서 가장 우수할 거외다."

한성 영어 학교에서 가르치는 서양인은 우리의 외국어 습득 능력을 칭찬했다. 이는 수학, 지리, 역사에 이르기까지 외국어로 말하고 듣고 써 온 공부 방법 덕분이다. 그러나 우리가 처음부터 이렇게 외국어를 잘할 수 있었던 것은 아니었다.

1882년 미국과 정식으로 수교를 맺으면서 대한제국은 청나라 통역관의 도움을 받아야만 했다. 이전까지 서양과 교류한 적이 없었기에 영어를 할 줄 아는 사람이 없었던 탓이다. 나라에서는 서둘러 미국 문물을 배워 오라며 보빙사(외국에 우호, 친선 및 교섭을 위해 파견하는 사절단)를 보냈다. 외국을 다녀온 보빙사들은 학교를 세워야 한다고 목소리를 높였다.

그 뒤로 서양 여러 나라와 교류하는 데 필요한 언어와 근대 학문을 가르치는 육영 공원이 세워졌다. 당시 육영 공원의 책임자였던 민종묵은 이르기를, "우선 외국어를 정확하게 알아야 하고, 외국과 통상할 때 필요한 기본적인 개념과 흐름도 꿰고 있어야 협상을 하는 자리에서 그들에게 끌려다니지 않게 될 것입니다. 그러니 오직 배움

▲ 헨리 거하드 아펜젤러

으로서만 해결할 수 있는 일이 아니겠소."라고 하며 미국에서 데려온 교사들에게 문무 현직 관료와 양반 자제들을 가르치게 하였다.

입학 자격이 까다로워 공부할 기회를 얻지 못한 일반 백성들은 헨리 거하드 아펜젤러가 세운 '배재 학당'으로 발길을 돌려야 했다. 아펜젤러는 통역관을 양성하는 데 그치지 않고, 배운 지식을 통해 사회에 봉사하는 인물을 길러 내겠다는 이념을 앞세웠다. 그리하여 배재 학당에서 공부한 학생들이 대한제국 근대화에 앞장서는 일꾼이 되리라 자신하였다. 배재 학당에서는 성경과 영어를 비롯한 근대 교육을 가르쳤으며 특히 체육 시간에는 야구, 축구, 정구, 농구 등 신체 활동도 활발히 하였다.

이렇듯 근대적인 학교가 많이 생기니 옛날부터 학생들을 가르쳤던 서당이 어찌되었을까 궁금해하는 사람도 있을 것이다. 흔히 서당이 금세 사라졌으리라 생각하겠지만 예상을 깨고 점차 늘어나고 있음이로다.

서당이 이토록 늘어난 이유를 빨래골 훈장 박OO(남, 35세)은 자신있게 설명했다.

"양반이니 상민이니 하는 신분 제도가 없어진 세상에 너도나도 배우려는 사람들 천지요. 그런데 학교는 충분하지 않으니 서당에서라도 배워야겠다고 생각하지 않았겠소? 이제는 서당에서 한문만 가르치던 시대는 지나갔소이다. 학교만큼은 아니지만 새로운 공부도 가르치니 어찌 아니 재미있을 수 있겠소!"

이러한 서당을 사람들은 개량 서당이라 부른다. 한문은 기본이고 외국어와 근대 학문까지 두루 배우는 대한제국은 지금 뜨거운 교육의 바람이 부는 중이다.

장옷을 벗은 여자들

"복동아, 어제 개화가 이화 학당에 다닌다고 했지? 여자들이 다니는 서당이라고?"

"그랬지요. 이제야 제 말이 믿어지세요?"

복동이의 말에 구식이는 불만 가득한 목소리로 혼자 중얼거렸다.

"아저씨는 도대체 무슨 생각으로 나를 이화 학당에 보내시는 거야? 개화도 그래. 어제 밤새 신문을 뒤져 보았지만 답이라고 할 만한 것은 눈을 씻고 찾아도 없더구먼. 아무래도 내가 개화한테 속은 게지. 쯧!"

"혼자 뭘 그리도 중얼거리세요?"

"아냐, 아무것도. 그런데 대체 여자들이 학문은 배워서 뭘 하려고 그런대? 여염집 규수가 혼자, 그것도 장옷도 입지 않고서 길거리를 마구 돌아다녀도 되는 거냐?"

"왜요? 여자들도 볼 일이 있는데 자유롭게 다니면 안 된대요? 해가 푹푹

찌는 여름날 장옷을 뒤집어쓰고 다니면 얼마나 더운지 알아요? 위험하기는 또 얼마나 위험하게요? 장옷 밖으로 눈만 빠끔 내놔야 하는데 그래서야 뭐가 보이겠어요? 넘어지기 딱 좋지. 도련님보고 장옷 입고 눈만 내놓고 다니라 하면 아마 반나절도 못 견딜걸요? 쯧쯧!"

복동이가 조목조목 따지자 구식이는 말이 안 통해 답답하다는 듯 고개를 저었다. 잠시 뒤 복동이가 물었다.

"여자들이 학문을 배워서 어디에 쓰냐고 했지요? 그건 나도 잘 모르겠네요."

"그렇지? 너라고 다 알겠어?"

복동이 입에서 잘 모른다는 소리가 나오자 구식이는 속이 개운했다. 노비였던 복동이에게 도움을 받는 것도 자존심 상했는데, 이제까지 복동이의 말이 딱히 틀리지도 않아 괜히 지는 기분이 들었기 때문이다.

"한 가지는 확실하게 말할 수 있는데, 이화 학당에서 가르치는 사람도 모두 여자라네요. 게다가 미국이라는 나라에서 왔다더라고요. 우리나라에서 배를 타고 몇 날 며칠을 가면 닿을 수 있는 곳이래요. 그래서인지 생김새도 우리랑 완전히 다르대요. 눈동자가 나뭇잎처럼 초록빛이기도 하고 어떤 사람은 바닷물처럼 파랗다더라고요. 참, 도련님도 한성 영어 학교에서 봤지요? 아무튼 우리 아가씨가 가장 좋아하는 선생님은 머리카락이 금빛이래요. 금빛은 우리 구식 도련님도 참 좋아하는데. 쩝!"

복동이가 은근한 눈빛으로 구식이를 보았다. 순간 머릿속에 황금 궤짝이 떠오른 구식이는 괜히 찔끔해서 일부러 큰 소리로 웃었다.

"푸하하하! 복동이 너도 개화한테 깜빡 속은 거야. 훈장이 모두 여자라니! 그것도 우리나라에서 멀리 떨어진 나라에서 배를 타고 왔다고? 그런 빤한 거짓말에 속다니 열여덟이라는 나이가 아깝다. 쯧쯧쯧!"

"뭐, 보면 알겠지요. 마침 가는 길에 이화 학당이 있으니 담 너머로 슬쩍 구경은 할 수 있을 거예요."

"가는 길에 이화 학당이 있다니? 그럼, 오늘 목적지가 이화 학당이 아니란 말이야?"

"당연히 아니지요. 황귀비 마마께서 이화 학당에 계실 리가 없잖아요."

"맞다! 황귀비 마마께도 꿀을 드리라고 하셨지?"

구식이가 복동이 손에 들린 꿀단지 두 개를 보며 싱글거렸다. 어깨를 짓누르던 고민이 해결되자 구식이의 발걸음은 나는 듯 가벼워졌다.

"그럼 우리가 지금 가는 곳은 어디야?"

"어디긴 어디겠어요? 당연히 경운궁이지."

복동이는 별 싱거운 소리를 다 들어 봤다는 듯 피식 웃었다.

그때 어디선가 이상한 소리가 들려왔다.

"하나, 둘, 셋, 넷! 하나, 둘, 셋, 넷!"

담 너머로 넓은 마당에 개화 또래쯤 되거나 그보다 몇 살 더 먹어 보이는 여자아이들이 줄지어서 하늘을 향해 팔을 쭉쭉 뻗거나 다리를 쫙쫙 벌리고 있었다.

"여기는 어디인데 아녀자들이 저리 해괴망측한 짓을 한단 말이냐?"

구식이가 황당해하며 묻자 복동이가 대문의 현판을 가리켰다. 흰 바탕에

푸른색 글자로 '이화 학당'이라 쓰여 있었다.

"이, 이곳이 이화 학당이란 말이냐? 개화가 다닌다는?"

"그렇다니까요."

"쯧쯧쯧! 아저씨께서 저걸 보셨어야 해. 그랬다면 개화는 당장 공부를 그만둬야 할 텐데 말이야."

고개를 절레절레 흔들며 혀를 내두르는 구식이를 보며 복동이는 한숨을 푸 내쉬었다.

경운궁은 이화 학당에서 그리 멀지 않은 곳에 있었다. 신 역관이 준 출입증을 보여 주고 기다리니 잠시 뒤 황귀비가 있는 곳까지 안내할 상궁이 왔다.

"궁에 와 본 것만 해도 놀라운데 황귀비 마마까지 만나다니……. 돌아가신 명성황후 다음으로 높은 분이잖아! 아무리 개화라도 황귀비 마마를 만나지는 못했을 거야. 맞지? 그렇지?"

구식이는 장원 급제로 어사화라도 받는 것처럼 흥분해서 복동이에게 물었다. 소곤거린다는 게 목소리가 컸던지 몇 발짝 앞서서 안내하던 상궁이 뒤를 돌아보며 엄한 표정을 지었다. 그제야 구식이는 지엄한 궁에 들어와 있다는 것이 실감났다. 상궁은 복동이에게 중화문 앞에서 기다리라고 한 뒤 구식이에게만 따라오라고 했다.

상궁을 따라 구불구불한 담을 지나 한참 가니 정자도 아니고 집도 아닌 이상한 곳에 이르게 되었다. 나중에 알았지만 그곳은 정관헌이라는 이름의 서양식 정자였다. 처음 보는 건물도 낯설었지만 더욱 이해하기 어려웠던 것은 정관헌에 있는 여자들이었다. 분명히 황귀비를 만나러 갔는데 정관헌 안에는 서양식 드레스를 입은 여자 둘이 앉아서 이야기를 나누고 있었기 때문이다. 둘 중 한 명은 복동이에게 들은 대로 머리색과 생김새가 우리와 다른 서양인이었다. 다른 한 명은 서양식 올림머리와 복장을 하고 있었으나 영락없는 우리나라 여자였다. 어리둥절해 있는 구식이에게 상궁이 주의를 주었다.

"예를 갖추어라. 황귀비 마마시다."

구식이가 재빨리 허리를 숙이고 눈을 내리깔자 상궁이 황귀비에게 아뢰었다.

"마마, 신 역관의 심부름을 온 아이라 합니다."

"김구식입니다."

머릿속에는 '기체후일향만강 하시옵고' 등 한문으로 된 인사말이 맴돌았으나 입 밖으로 나온 말은 겨우 제 이름 석 자뿐이었다. 그마저도 목소리가 덜덜 떨고 있었다. 다행히 황귀비는 다정한 사람이었다.

"어서 오너라. 신 역관이 사람을 보낸다고 하더니 아직 어린아이로구나? 그래, 올해 몇 살이나 되었느냐?"

"열두 살입니다."

"열두 살이라! 공부하기 좋은 나이구나! 어느 학당에서 공부하지?"

황귀비가 미소를 띠고 친절하게 물었지만 신식 공부를 할 생각이 전혀 없는 구식이는 마땅한 변명을 찾느라 애를 먹었다.

"저…… 그게 그러니까 음, 실은 소인이 전라도 옥구에서 한성으로 온 지 얼마 안 되어 아직 학당을 다니고 있지 않사옵니다."

"그렇구나! 참, 학당 이야기가 나와서 말인데 시난돈 부인께 도움을 청할 것이 있어 겸사겸사 뵙자고 했습니다."

황귀비의 시선이 시난돈 부인에게로 옮겨 가자 구식이는 비로소 마음을 놓을 수 있었다. 시난돈 부인이 온화하게 웃으며 말했다.

"황귀비 마마께 도움이 된다면 그보다 큰 기쁨이 없겠습니다."

"도움이 되다마다요. 실은 여자들이 다니는 학당을 세울까 생각중입니다. 헌데 무엇부터 시작해야 좋을지 도통 알 수가 없어야지요. 부인이야 이미 이화 학당을 세운 경험이 있으니 현명한 조언을 듣고자 합니다."

"오, 원더풀! 아주 훌륭한 생각을 하셨습니다."

시난돈 부인이 박수를 치며 좋아하자 황귀비가 웃으며 물었다.

"허허, 학당을 세운다는 말씀이 그리 기쁘십니까?"

"그럼요! 제가 처음 학당을 열었을 때는 어느 집에서도 딸을 공부시키고자 하지 않았습니다. 그러나 지금은 많은 분들이 딸을 저희 학당에 보내겠다 하시고 지방에서도 공부하러 오겠다는 학생이 많아 교실이 모자랄 지경입니다. 황귀비 마마께서 학당을 세우신다면 대한제국의 더 많은 여자들이 공부할 기회를 얻지 않겠습니까? 정말 기쁜 일이지요."

황귀비의 머릿속에 구식이는 완전히 잊힌 것 같았다. 그때 상궁이 다시 한 번 아뢰었다.

"마마, 신 역관의 심부름 온 김구식을 어찌할까요?"

"내 정신 좀 보게. 학당 이야기에 빠져서 너를 잊고 있었구나! 그래, 신 역관이 무엇을 보냈다고?"

"예, 이 꿀을 전해 드리라 했습니다."

구식이가 꿀단지를 내밀자 상궁이 받아 황귀비 앞에 놓았다.

"이 귀한 것을! 여기까지 오느라 고생 많았다. 김 상궁, 준비한 답례 선물을 내어 주게."

"황공하옵니다."

황귀비의 선물을 받은 구식이는 공손하게 예를 갖춘 뒤 물러나왔다.

복동이가 기다리고 있는 중화전 앞에 와서야 구식이는 참았던 숨을 내뱉었다.

"후! 이제야 살 것 같네."

"아이고, 숨 쉬기도 힘들 만큼 그렇게 어려운 자리였어요?"

"당연하지! 황귀비 마마를 뵙는 일이라고! 이런 영광이 또 어디 있겠냐?"

그날 저녁, 밥을 함께 먹으며 신 역관이 물었다.

"꿀은 잘 전했느냐?"

"예! 근데 새로운 학문을 배우지는 못하고 왔습니다. 여자들만 다니는 학당이라도 어떻게든 공부해 보려고 마음먹었거든요. 하필 오늘 간 곳이 이화 학당이 아니라 경운궁이어서 새로운 학문을 공부하고 싶어도 할 수가 없더라고요."

옆에 있던 개화가 쿡쿡 웃었지만 구식이는 당당했다. 신 역관이 놀란 눈으로 구식이를 보았다.

"이화 학당에서 공부하다니? 거긴 여자들만 다니는 곳이라 남자인 너는 공부할 수 없다. 그보다 시난돈 부인은 개화가 다니는 이화 학당을 세운 분이다. 황귀비 마마께서 오늘 시난돈 부인을 부른 것은 학당을 짓는 일에 관해 알아보려 함이었다. 시난돈 부인과 황귀비 마마가 무슨 뜻으로 여자들을 가르치려 하는지, 또 여자들은 왜 학당에 다니려고 하는지에 대해 네 생각을 듣고 싶구나."

"죄송합니다. 솔직하게 말씀드리면 여자들이 공부를, 그것도 신학문을 꼭 배워야 하는지 잘 모르겠어요."

구식이가 고개를 푹 숙였다. 엄한 목소리로 야단을 칠 것이라 생각했던 신 역관의 목소리가 의외로 부드러웠다.

"솔직하게 말해 주어 고맙다. 한성에 온 지 얼마 되지 않아 모든 것이 낯설 텐데 내 질문이 너무 어렵기도 하겠지. 그 문제는 앞으로 한성에서 지내다 보면 자연스럽게 답이 찾아질 것이다."

"그렇다면?"

구식이가 희망에 찬 눈으로 신 역관을 보았다. 정겹게 웃던 신 역관이 고개를 가로저으며 말했다.

"그래도 불통은 불통이다. 서신 하나를 줄 테니 내일은 우체사에 다녀오너라. 간 김에 네 누나에게도 안부를 전하도록 하고. 이것이 세 번째 시험이니라."

"알겠습니다. 누나 이야기가 나와서 생각났는데요. 예전에 누나가 전 매형을 잃고 몇 날 며칠을 잠도 못자고 먹지도 않으면서 울기만 했거든요. 어떻게 살아야 좋을지 막막하다면서요. 만약 저희 누나도 공부를 했더라면 남편을 잃었다고 낙담만 하고 있지는 않았을 것 같아요."

인사를 하고 서둘러 방을 나가는 바람에 구식이는 신 역관이 지그시 미소

짓는 모습을 보지 못했다.

"시험이란 건 어떤 방식이든 쉬운 법이 없군. 처음에는 새로운 학문을 배우겠다는 게 답이었고 오늘 답은 뭔지 짐작도 할 수 없으니. 그나저나 우체사라는 곳은 전라도나 충청도쯤에 있는 마을인가 보네. 가는 길에 누나를 만나고 오라고 하시는 걸 보면."

제 방으로 돌아온 구식이는 습관처럼 신문을 펼쳐 들었다.

여자들도
뜻을 펼치는 세상이 오도다!

▲ 이화 학당 초기의 모습

⊙ 이제까지 학문은 오로지 남자들을 위한 것이었을 뿐, 여자는 스스로 배우려 하지 않았고 가르치는 교육 기관도 없었다. 그러나 1885년에 우리나라에 온 선교사 시난돈 부인의 생각은 달랐다. 더 나은 나라가 되기 위해서는 여성도 공부를 해야만 한다고 생각했으니, 급기야 1886년 5월에는 한 여학생을 가르쳤는데 이것이 바로 이화 학당의 시작이로다.

원래는 양반집 자녀를 가르치고자 했으나 어느 집에서도 딸을 맡기려고 하지 않았다. 그리하여 간신히 가난한 집 딸을 학생으로 얻게 되었다. 그마저도 학생의 어머니에게 딸을 가르치되 조선 밖은 물론 조선 안에서 단 10리도 데리고 나가지 않겠다는 서약서를 쓰고서야 가르칠 수 있었다. 시난돈 부인의 노고가 얼마나 큰지 짐작하고도 남는다. 1년 뒤에는 학생이 일곱 명으로 늘어 황제는 '이화 학당'이라는 이름을 내려 주었다.

이화 학당에서는 신학문은 물론이고 한문까지 가르쳤다. 하지만 아직까지도 사람들의 눈살을 찌푸리게 하는 것은 바로 체조 시간이다. 위엄 있는 집에서는 여자들의 걸음걸이를 엄히 다스리는데, 그 까닭은 보폭이 넓은 걸음걸이를 상스럽다고 여기기

▲ 딸 부잣집 최 진사 하루 수천 번 졸도

때문이다. 이런 상황에서 체조 시간에 여학생들이 가랑이를 번쩍 들어 올리는 일은 이만저만 문제가 아닐 수 없다. 이화 학당에 다닌 여학생은 며느리를 삼지 않겠다는 말이 심심찮게 들리자 마침내 한성부에서는 체조를 중단하라며 이화 학당에 정식으로 요구했다.

이러한 제약에도 불구하고 배우려는 여성들의 열정은 봇물이 터지듯 이미 막을 수 없는 사태에 이르러, 혼인을 한 여성이 이화 학당에 입학하는 데까지 이르렀다. 원래 이화 학당은 혼인한 여자에게는 입학을 허락하지 않았다. 단 한 사람, 하란사만은 예외였으니 하란사는 이화 학당의 거절에도 불구하고 끊임없이 문을 두드려 마침내 혼인한 여자의 몸으로 공부할 수 있는 기회를 얻었음이라.

하란사는 여기에서 더 나아가 어린 젖먹이를 식구들에게 맡기고 미국으로 유학을 떠난다. 일찍이 하란사가 한 말들로 그 열정을 짐작해 볼 수 있다.

"본래 제 성은 김 씨이옵니다. 그러나 서양식으로 남편의 성을 따서 하 씨라고 부르게 하였나이다. 란사라는 이름은 이화 학당에 들어와 지은 이름이지요. 공부를 하는 것은 깜깜한 어둠 같은 앞날에 등불을 밝히는 것과 같은 일이옵니다. 이미 혼인을 한 여자라 해도 학당에서 공부하며 소신을 펼칠 수 있다 여깁니다."

이러한 정신으로 하란사는 우리나라 여성 최초로 미국 오하이오 웨슬리언 대학에서 학위를 받는다. 이제 하란사는 고국으로 돌아와 미래의 등불이 될 후배들을 가르칠 것이다.

우체사
가는 길

"구식아! 아버지께서 너와 우체사에 다녀오라고 하셨어."
그 말에 구식이의 눈이 왕방울만 해졌다.
"너랑 나랑 둘이만 가라고 하셨단 말이야? 그 먼 길을?"
"먼 길은 무슨. 별일 없으면 점심 먹기 전에 돌아올 텐데."
"대체 뭘 타고 가기에 그렇게 빨리 돌아온다는 거야?"
개화가 무슨 뜻이냐는 얼굴로 구식이를 빤히 보았다.
"어제 아저씨가 그러셨거든. 우체사에 심부름을 다녀오는 길에 누나한테 안부도 전하라고. 누나가 있는 고향까지 가는 데만 하루가 걸리는데 어떻게 점심 먹기 전에 돌아올 수 있어?"
구식이의 말에 개화가 답답하다는 듯 주먹으로 가슴을 쳤다.
"어이구! 이 답답아!"
기가 막힌 개화는 구식이를 끌고 무작정 밖으로 나왔다. 구식이는 다 큰 여자아이에게 옷자락을 잡힌 채 끌려가는 것이 볼썽사나워 보일 것 같아 연신 헛기침만 했다. 하지만 개화는 개의치 않고 앞만 보고 걸었다.

"어허, 남녀가 유별한데 길에서 이러면 사람들이 손가락질하잖아."

"지금 남들 손가락질이 문제야? 세상이 어떻게 바뀌고 있는지 좀 보란 말이야!"

"알았어. 내 발로 갈 테니 앞장서!"

구식이는 옷자락을 잡은 개화의 손을 뿌리치고는 성큼성큼 걸었다. 한참을 간 개화는 '우체총사'라고 쓰여 있는 어느 건물로 들어갔다. 그러고는 구식이의 눈앞에 작은 종이 딱지를 흔들어 보이며 말을 이었다.

"이게 우표라는 거야. 이걸 서신에 딱 붙이면 체전부가 서신을 받을 사람한테 전해 주는 거라고. 그러면 소식을 전하러 직접 가는 수고는 안 해도 된다니까!"

개화가 제복을 차려입고 한쪽 구석에 서 있는 체전부를 가리켰다. 체전부 앞에는 서신이 뭉텅이로 쌓여 있었다. 체전부는 일일이 서신을 확인하며 각기 배달할 지역으로 가르고 있었다.

"전에 연이 언니가 아버지한테 서신을 보낸 적이 있어. 그때 우리 집에 서신을 전해 준 사람이 누구인지 알아?"

"당연히 알지. 뒷집 사는 박 서방이었어. 박 서방이 한성에 간다고 열흘 전부터 말하고 다녀서 누나처럼 부탁한 사람이 여럿이었거든."

구식이는 개화가 묻는 말에 순순히 대답했다.

"만약 그때 박서방이 한성에 오지 않았다면 그 서신은 어떻게 전했을까?"

"한성에 간다는 사람이 나타날 때까지 기다려야지."

"만약에 일반 서신이 아니라 시간을 다투는 일이라면? 예를 들어 혼례식이나 장례식처럼 정해진 날짜에 맞춰야 하는 서신일 때는 마냥 기다릴 수만은 없잖아. 근데 우체사에서 서신을 보내면 굳이 기다리지 않아도 돼."

개화가 눈앞에 서신을 내보이자 구식이가 냉큼 낚아채서는 품에 넣어 밖으로 나갔다.

"지금 뭐 하는 거야?"

"아저씨가 나한테 부탁한 거야. 저 사람들이 누구인지도 모르는데 어떻게 함부로 맡길 수가 있겠어?"

구식이는 한 번도 본 적 없는 낯선 사람에게 작은 종이 딱지 하나를 붙여서 서신을 보낸다는 게 영 미덥지가 않았다. 황금 궤짝이 걸린 시험을 그렇게 날려 버릴 수는 없었다.

"체전부에게 맡기면 된다니까!"

개화가 답답해하며 말했다.

"네 말은 알아들었어. 하지만 아까 보니 서신들이 수북하게 쌓여 있던데, 다른 사람 서신과 착각하면 어떻게 해? 이 서신은 내가 알아서 보낼 테니 넌 걱정 마."

"이 바보야! 미국까지 가겠다는 거야? 그 서신은 미국으로 보내는 거라고!"

구식이는 당황해서 서신을 보았다. 그러고 보니 한성 영어 학교에서 보았던 글씨들이 봉투에 쓰여 있었다.

"무슨 일인데 그렇게 다투느냐?"

개화와 구식이가 티격태격 하는 모습을 보고 체전부 한 사람이 다가왔다.

"아버지 심부름으로 서신을 보내려고 하는데 얘가 다른 사람 서신과 바뀌면 어떻게 하느냐고 걱정을 하잖아요."

개화가 답답하다는 듯 한숨을 내쉬며 하소연하자 체전부가 설명했다.

"그럴 걱정은 하지 않아도 된다. 우체사는 서신을 전해 주기 위해 나라에서 만든 곳이거든. 이곳 우체총사는 우체사의 우두머리 같은 곳이란다. 맡은 서신은 어디라도 반드시 전해 주지."

"그래도 저 많은 서신을 몇 사람이 어떻게 다 전하겠어요?"

구식이가 못 미더운 얼굴로 물었다.

"몇 사람이라니? 우체총사 밑에 스물네 개나 되는 우체사가 있단다. 각 우체사마다 나처럼 발 빠른 체전부들이 몇 명씩 있어서 곳곳으로 퍼져나가 서신을 전달하는걸. 그뿐인 줄 아냐? 책이나 그림, 농산물 씨앗도 무게에 따라 요금을 지불하면 얼마든지 전해 주고 있어."

구식이가 여전히 의심스럽게 보자 체전부가 웃으며 말했다.

"자랑 같다만 나는 궁궐까지 소문이 자자할 정도로 발이 빠르단다. 덕분에 황제께서도 나를 통해 서신을 전하시지. 원래는 각 지역의 우체사로 서신을 보낸 뒤 그곳의 체전부가 동네마다 사람을 찾아 전하지만 황제의 서신은 내가 직접 전해 준단다. 하지만 황제도 믿고 맡기는 우체사가 불안하다면 너는 전화를 하는 수밖에 없겠구나."

체전부는 가슴을 내밀고 뿌듯해하며 말했다.

"전화요?"

구식이가 놀라 물었다.

"전화란 먼 데 있는 사람과 전화기에 대고 직접 목소리를 들으며 말하는 기계다. 아마 우체사를 통해 서신을 전하는 것 못지않게 전화도 많이 쓰일 거다. 체전부를 믿기 어렵다면 너는 직접 목소리를 들으며 말하는 수밖에 없겠다는 뜻이다. 그리 의심이 많아서야, 원."

체전부는 바쁘다며 제자리로 돌아갔다.

기계로 목소리를 직접 들으며 말을 할 수 있는 세상이 온다는 말까지 들은 마당에 계속 고집을 부릴 수 없었다. 구식이는 하는 수 없이 개화에게 서신을 건네주었다.

"연이 언니한테 보내는 서신은 없어?"

미국으로 가는 서신을 부친 뒤에 개화가 물었다.

"아저씨가 우체사 가는 길에 누나한테도 안부를 전하라고 하셔서 직접 보고 오라는 말씀인 줄 알고 따로 준비 못했어."

"그럼 엽서를 보내면 되지."

개화는 1전을 내고 엽서를 샀다.

"여기에 연이 언니가 사는 곳과 이름을 쓰면 돼."

구식이는 개화가 가리킨 곳에 '전라도 옥구군 밤나무골 우물가 느티나무 집 김연이'라고 썼다.

"잘했어. 이젠 이곳에 네가 언니한테 하고 싶은 말을 쓰면 돼."

"겉봉에다 하고 싶은 말을 적으란 말이야? 그럼, 내가 누나한테 한 말을 체전부가 다 읽잖아."

"엽서는 원래 그런 거야. 그리고 체전부가 그걸 왜 읽어?"

"싫어! 아저씨 서신이나 보내. 누나한테 보내는 서신은 내가 알아서 할 테니까."

결국 구식이는 연이의 주소가 쓰인 엽서를 들고 우체사를 나섰다. 더는 구식이를 설득할 수 없다고 생각한 개화도 하는 수 없이 뒤따라 나왔다.

"황제께서도 믿고 맡기는 서신을 대체 왜 못 맡기겠다는 거야? 혹시 갑신년(1884년)에 우정국에서 정변이 일어났던 것 기억나? 서양 문물을 적극적으로 받아들여야 한다고 주장하던 개화파 대신들이 새로운 정부를 세우려고 정변을 일으켰잖아. 그때 황제께서 우정국 문을 닫게 하셨지만 이 제도가 얼마나 편리한지 알고 계셨으니까 우체사라는 이름으로 다시 열어 주신 거야."

"그때 우정국이 우체사로 바뀐 거라고?"

"그래. 예전에는 나라의 중요한 문서든 일반 서신이든 사람이 직접 가야 전달할 수 있었지만 지금은 우표값만 내면 서신을 주고받을 수 있잖아. 그러니 정변 후에도 이 제도를 이어 가는 거라고. 알았으면 이제 좀 믿고…… 앗!"

갑자기 개화가 무언가를 보고 달려갔다.

"어디 가?"

구식이가 쫓아가 보니 머리카락이 하얗게 센 노인이 전신주에 받쳐 놓은 사다리에 올라가 전신줄에 구두를 매다느라 애를 먹고 있었다.

"할아버지, 여기서 뭐 하세요?"

개화가 물었다.

"작은 아들이 부산에 있거든. 아들 주려고 구두를 샀는데 지금 보내려고 그런다."

"네? 전신줄에 매달아서 구두를 어떻게 보내시려고요?"

개화가 깜짝 놀라자 할아버지가 고집스럽게 말했다.

"왜 못 보내? 전신줄을 따라서 아들 목소리도 들었구먼. 그건 이 전신줄이 우리 아들이 있는 곳을 알고 있다는 뜻이지. 그러니까 전신줄이 신발도 아들에게 전해 줄 거다."

할아버지는 신발이 떨어지지 않도록 단단히 묶은 뒤 전신줄에 대고 말했다.

"부산에 있는 이맹덕에게 보낼 신발이오. 한성에서 아비가 보낸다 전하시오."

당연히 신발은 꼼짝도 하지 않았다. 할아버지가 고개를 갸웃거리며 중얼거렸다.

"전화 교환수가 없어서 그러나? 어째 움직이질 않네?"

"할아버지, 전화 교환수가 있어도 전신줄에 매달아서 부산까지 신발을 보낼 수는 없어요. 그러지 말고 우체사에 가 보세요. 체전부한테 금액을 치르면 부산 아드님께 신발을 보내줄 거예요."

개화의 설명에도 할아버지는 한동안 꼼짝하지 않고 전신줄과 구두만 노려보았다. 주위에 구경하는 사람들이 모여드는데 구두는 손톱만큼도 움직일 기미가 없었다. 하는 수 없이 할아버지는 전신줄에서 구두를 풀었다.

"우체사에 가면 된다는 거냐?"

"네. 체전부한테 부산의 아드님께 신발을 보내고 싶다고 설명하시면 도와줄 거예요."

"고맙다."

할아버지가 가자 구경하던 사람들도 흩어졌다. 개화가 대뜸 의심스러운 눈으로 구식이를 보았다.

"설마 저 할아버지 말처럼 전신줄로 신발을 보낼 수 있다고 믿은 건 아니겠지?"

"아, 아냐! 절대 아냐!"

손사래를 치며 고개를 저었지만 사실 구식이는 할아버지의 말이 이뤄질 줄 알고 신기하게 전신줄을 보고 있었다. 행여나 개화에게 들켰을까 싶어 얼른 말을 돌렸다.

"근데 전화 교환수는 뭐야?"

"아까 체전부가 전화에 대해 말했던 거 기억나지? 전화를 건 사람과 받는 사람을 중간에서 연결해 주는 사람을 전화 교환수라고 해. 그러고 보면 저 할아버지만 뭐라고 할 수는 없을 것 같아."

"무슨 뜻이야?"

"전화 교환수가 주로 연결해 주는 분이 황제거든. 그런데 황제께 전화가 오면 전화 교환수가 전화기를 앞에 두고 큰 절을 올린다는 거야. 신하들도 마찬가지였대. 전화기에서 황제의 목소리가 나오니 황제를 뵙는다고 생각한 거지."

구식이는 자기라도 그랬을 것 같다는 말을 꾹 삼키고 아까부터 궁금하던 것을 물었다.

"아저씨는 미국에도 아는 사람이 있나 봐? 서신을 미국까지 보내시는 걸 보면."

"아, 미국에 공부하러 간 아버지 친구 분을 통해 알게 된 미국인이래."

"미국으로 공부하러 간 우리나라 사람이 진짜 있단 말이야? 신문에서 보기는 했지만 정말일 줄이야. 그런데 아저씨는 무슨 일로 미국인한테 서신을 보내신 거야?"

구식이가 놀라며 물었다.

"그건 나도 잘 모르겠네?"

개화가 고개를 갸웃거렸다.

그날 저녁, 집으로 돌아온 신 역관이 구식이와 개화를 불렀다.

"우체사에 다녀와 보니 어떻더냐?"

"처음에는 낯선 사람에게 긴밀한 서신을 맡기는 게 영 불안했어요. 손톱만 한 우표를 붙이면 미국에도 서신이 간다는 사실이 신기하기도 했고요."

"그런데?"

신 역관이 구식이 앞으로 몸을 내밀며 재촉했다. 구식이는 지금이야말로 신중하게 대답해야 한다고 생각했다. 신 역관이 관심을 보이는 때가 바로 '통'과 '불통'을 가르는 순간이기 때문이다.

"가만 생각해 보니 우체사가 있어서 참으로 편리한 것 같았어요. 체전부들도 오로지 서신을 전달하는 일만 하니까 다른 곳에 맡길 때보다 빨리 전달될 수 있고, 소식을 전하고 싶으면 언제든 우체사를 찾아가면 되잖아요."

"옳거니!"

신 역관이 반가워하며 손바닥으로 무릎을 쳤다. 구식이는 여전히 우체사가 썩 미덥지 않으면서도 술술 말이 나와 신기했다. 오늘에야말로 '통'을 받을 수 있겠다며 절로 어깨가 으쓱했다.

"고향에 있는 누나에게도 안부는 전했느냐?"

"그건……."

느닷없이 묻는 신 역관의 말에 구식이는 얼굴이 굳고 말았다.

"아까도 말씀드렸지만 우체사가 그런 곳인 줄 몰랐어요. 우체사를 다녀오는 길에 누나 얼굴을 볼 거라 생각해서 따로 서신을 적어 두지 않았거든요. 그래서 누나에게 안부는 전하지 못했어요."

"쯧쯧, 그랬구나. 하지만 우체사에 엽서가 있었을 텐데. 엽서라면 따로 서신을 준비해 가지 않아도 그 자리에서 보낼 수 있단다. 개화가 그런 것은 가르쳐 주지 않았느냐?"

"네? 아, 사실은……."

구식이는 잔뜩 기어들어 가는 목소리로 우물쭈물 말을 잇지 못했다. 그때 개화가 구식이의 말을 막았다.

"제가 깜빡 잊어버리는 바람에 그 생각은 미처 못 했어요. 제 잘못이에요, 아버지."

"우체사까지 가는 길은 복동이도 알고 있느니라. 굳이 너를 보낸 이유가 있건만 그것 하나 제대로 못 한단 말이야?"

"아니에요. 제 잘못이에요. 개화가 가르쳐 주었는데 제가 미덥지 않아 엽서를 보내지 않았어요."

신 역관이 개화를 야단치자 구식이는 재빨리 잘못을 인정했다.

"우체사가 편리하고 좋기는 하나 진심으로 믿을 수는 없다는 말이로구나. 흠, 오늘도 불통이니라."

방으로 돌아온 구식이는 신문을 펼치면서 중얼거렸다.

"오늘의 정답은 진심으로 믿어야 하는 거였어. 뭘 진심으로 믿어야 하는지도 신문에 나오려나?"

역, 우체사 설치로 사라지는가?

⊙ 예로부터 먼 곳에 소식을 전할 때에는 봉수와 파발을 이용했다. 봉수는 낮에는 연기, 밤에는 불을 피워 소식을 알렸던 수단이다. 목멱산의 봉수꾼(남, 27세)은 봉수가 우리나라에 적합한 수단이라며 칭찬했다.

"우리나라는 산이 많아서 봉수가 굉장히 편리하게 쓰입지요. 아래로는 남해안부터 위로는 함경도까지 전국에 걸쳐서 봉수가 안 쓰이는 곳이 없습니다."

하지만 봉수도 문제는 있었으니 구름이나 안개가 끼었을 때는 소식을 전하기가 어렵다는 점이었다. 이때에는 사람이 직접 가까운 봉수대로 달려가서 소식을 전했다. 이를 파발이라고 하는데 말을 타고 역과 역을 거쳐 직접 소식을 전하기 때문에 날씨의 영향을 크게 받지 않았다.

한때 파발꾼으로 활약했던 문OO(남, 57세)는 파발의 장점에 대해 이렇게 덧붙였다.

"파발이 봉수보다 속도도 느리고 역을 운영해야 하는 불편함이 있지요. 그럼에도 파발은 삼국 시대부터 있었던 오래된 방식이라오. 바로 보안을 지킬 수 있다는 장점 때문이지요. 그래서 중요한 군사 정보를 전하거나 시간을 다투는 나라 문서를 전할 때는 파발을 썼다오."

문 씨의 말처럼 파발로 소식을 전하기 위해서는 따로 역을 운영해야만 한다. 역은 파발꾼들이

▲ 한때 파발꾼이었던 문OO

지친 말을 새 말로 갈아타기도 하고 숙식을 해결하는 곳이다. 역마다 말을 관리하고 하룻밤 쉬어 갈 수 있는 시설을 갖추었으며 역장, 역졸, 역노 등 일하는 사람도 여럿 두었다.

그러나 갑오개혁으로 우체사가 생겨나면서 더 이상 파발꾼이 쉬어 갈 역을 둘 필요가 없어졌다. 이에 대해 체전부로 일하는 김00(남, 21세)는 이렇게 이야기한다.

"한성과 제물포에 우체사가 세워지고 얼마 지나지 않아 개경 등 여러 곳에도 차례로 우체사가 생겼습니다. 이제 일반 백성들도 누구나 우체사를 통해 쉽고 빠르게 소식을 전하는 시대가 온 것입지요."

그는 더는 '역'이라는 말이 쓰이지 않게 될 것이라 예측했다.

또한 우체총사에서 일하는 우체주사(남, 37세)는 이렇게 말하며 우체사의 중요성을 강조하였다.

"갑신정변 후 10년 만에 다시 우편 업무가 시작되었을 때만 해도 한성에 모인 우편물은 보름 동안 137통밖에 되지 않았을 만큼 널리 알려지지 않았소이다. 그러나 우편의 편리함을 알고 이용하는 백성들이 점차 늘어나고 있으며, 서신을 전달하는 체전부

▲ 요사이 인기를 실감하고 있는 체전부

▲ 철도가 생기며 쓰임이 달라진 '역'

를 '체 주사' 혹은 '체 대감'이라 부르는 백성도 있더이다. 그만큼 우리 체전부를 소중하게 여긴다는 뜻이 아니겠소이까?"

실제로 병조에서 관할하던 역은 1895년 우체사가 설치되면서 폐지되었다. 그렇다면 '역'이라는 말도 과연 사라졌을까? 한 경인 철도 회사 직원은 "파발로 소식을 전하기 위해 설치한 역은 사라졌지만 '역'이라는 말은 요즘 철도 회사에서 다시 쓰고 있습니다."라고 말하며 '역'이 사라지지 않았음을 확인해 주었다. 1899년 경인 철도가 개통되면서 중간에 기차가 멈추고 승객들이 타고 내릴 수 있는 장소가 일곱 곳 생겼으니 이곳을 역이라고 부른다는 설명이다.

이전까지 역은 소식을 전할 뿐 아니라 전국을 연결하는 교통의 기능도 했으나 이제 소식을 전하는 일은 우체사가, 교통은 철도가 맡게 되었다. 그리하여 '역'이라는 이름은 철도에서만 쓰이며 그 의미도 달라졌다. 그러니 앞으로 소식을 전하고자 하는 사람은 우체사를 방문할 일이로다.

제중원으로!

며칠 뒤 신 역관은 구식이를 불러 개화가 감기에 걸렸으니 함께 의원에 다녀오라고 했다. 고분고분 대답하고 나왔지만 구식이는 고개를 갸웃거렸다. 전날 개화를 봤을 때만 해도 특별히 아픈 데가 없어 보였기 때문이다.

"그깟 고뿔에 걸렸다고 의원 진료를 받는단 말이야? 참 호들갑스럽다."

"안 가도 될 의원, 누구 때문에 가는데!"

"자기가 고뿔에 걸려 놓고 남 탓하기는! 저기 의원이 보인다. 어서 가자."

"거기 아니야."

이렇게 지나친 의원이 벌써 몇 번째인지 몰랐다. 구식이는 개화가 자기를 약 올리는 게 틀림없다며 버럭 화를 냈다.

"다리 아프단 말이야. 그냥 아무 데서나 진료를 보면 되지. 그깟 고뿔에 걸린 게 뭐 그리 큰일이라고 사람을 이리저리 끌고 다녀?"

"잘됐다. 다리 아프다니 내 대신 네가 진료 받으면 되겠네."

"그건 또 무슨 뚱딴지같은 소리야?"

"아버지가 제중원을 다녀오라고 하셨으니 아무 말 말고 따라오기나 해."

개화가 말을 마쳤을 때 엄청나게 큰 소리가 들려왔다.

쾅!

운종가(지금의 서울시 종로 네거리 일대)에 흩어져 있던 사람들이 소리가 난 곳으로 우르르 몰려갔다. 개화와 구식이도 사람들과 함께 달려갔다. 구름처럼 모인 사람들을 헤집고 들어가니 예닐곱 살쯤 된 남자아이가 다리에 피를 흘리며 쓰러져 있었다.

"어이쿠, 저걸 어째?"

"저놈의 전차가 또 사람을 잡는구먼! 내 이런 일이 또 일어날 줄 진즉에 알고 있었다니까!"

"애 부모님은 어디 있소?"

웅성대는 사람들은 어찌해야 좋을지 몰라 주위를 두리번거리거나 전차를 향해 화를 내고 있었다. 전차 운전사도 전차에서 내린 채 얼빠진 얼굴로 서 있었다. 낯선 사람들이 주위로 모여들자 잔뜩 겁을 먹은 아이는 자리에서 일어나려고 했다. 하지만 다친 다리 때문에 도로 주저앉고 말았다. 개화는 아이가 넘어지지 않도록 재빨리 손을 잡아 주었다. 사람들 사이에 있던 누군가 소리쳤다.

"이게 다 저 전차 때문이오! 몇 년 전에도 큰 사고가 있었는데, 또다시 이런 일이 일어나지 못하도록 우리 모두 힘을 모아 저 전차를 부숴 버립시다!"

"옳소!"

"찬성이오! 이대로 두면 전차가 한성 사람들을 모두 치고 다닐 거외다."

사람들은 순식간에 전차로 달려들었다. 사람들이 구령에 맞춰 밀어 대자 커다란 전차가 좌우로 흔들리며 금방이라도 넘어갈 듯 기우뚱거렸다.

썰물 빠지듯 사람들이 전차로 옮겨 가자 개화만이 아이의 손을 붙잡고 있었다. 순식간에 벌어진 상황에 놀라 멍하니 서 있는 구식이를 개화가 불렀다.

"이리 와서 애 좀 업어 봐."
구식이는 얼떨결에 개화가 시키는 대로 아이에게 등을 들이댔다.
"어서 가자!"
"어디로?"
"어디긴 어디야, 제중원이지!"

구식이 등에 아이가 업히자 개화는 피가 흐르는 아이의 다리를 조심스럽게 받치고는 구식이를 재촉했다.

"아이 부모님이 찾으시면 어쩌려고?"

구식이는 개화와 발맞춰 달려가면서도 주위를 둘러보았다. 이제라도 아이의 부모가 나타나서 데려가기를 바랐으나 거리에는 전차에 매달린 사람들뿐이었다.

"부모님은 일하러 가시고 혼자 놀러 나왔대. 같이 놀던 친구한테 집에 알려 달라고 했으니 부모님도 곧 오실 거야."

개화가 가리키는 대로 한참을 달려가다 보니 구리개(지금의 서울시 을지로)에 다다랐다. 구리개에는 의원들이 모여 살아서인지 얼굴색이 좋지 않은 사람들이 많이 지나다녔다. 개화는 그중에서도 가장 으리으리한 기와집으로 들어갔다. 대문 앞에 '제중원'이라는 현판이 걸려 있었다. 안으로 들어서니 붕대로 머리를 친친 감싼 사람이 치료를 마치고 막 마당으로 나오고 있었다. 놀라서 얼음처럼 서 있는 구식에게 하얀 옷을 입은 남자가 급히 다가왔다.

"피가 많이 났군요? 이쪽으로 오세요."

"의원님이세요?"

개화가 묻자 남자는 어느 방으로 안내하며 대답했다.

"저는 어비신(에비슨) 의원님의 조수 박서양이라고 합니다. 의원님이 환자를 보는 중이라 잠깐 기다리셔야 합니다. 그동안 어떻게 다쳤는지 설명하시면 제가 의원님께 말씀드리겠습니다."

"전차에 부딪혔나 봐요. '쾅' 하는 소리가 운종가에 크게 울렸거든요. 부덪히는 걸 직접 보진 못했지만 저희가 갔을 때는 사람들이 모여 있고……."

"다리 말고 다른데 부딪히진 않았니?"

박서양이 아이에게 다시 확인했다. 자기 몸을 박서양에게 보여 주던 아이가 구식이와 개화의 뒤쪽을 보더니 갑자기 울음을 터뜨렸다.

"으앙! 집에 갈래!"

"여태 잘 있다가 갑자기 왜 그러지?"

구식이가 고개를 갸웃거리는데 박서양이 아이에게 물러나 누군가에게 허리를 숙였다. 무심코 뒤를 돌아본 구식이는 놀란 나머지 넘어질 뻔했다.

"오우, 쏘리! 미안하니다(미안합니다)."

구식이보다 머리가 세 개는 더 있을 법한 키 큰 외국인이 바로 뒤에서 서툰 우리말로 사과하며 웃고 있었다. 코는 툭 튀어나오고 눈은 옴폭 들어간 외국인이 방으로 들어서자 겁을 먹은 아이가 울음을 터트린 것이었다.

"집에 갈래요. 데려다주세요. 으앙!"

"다친 데는 치료하고 가야지. 이대로 집에 가면 평생 다리를 절룩거리며 살아야 할지도 모르는데."

박서양이 달랬지만 아이는 구식이에게 팔을 뻗으며 울기만 했다. 하는 수 없이 박서양은 두 사람을 내보내고 진료실 문을 닫았다.

"저 코쟁이가 의원이란 말이야?"

둘만 남게 되자 구식이가 의심스러운 얼굴로 물었다. 개화는 눈을 흘기며 구식이를 보았다.

"의원님한테 말버릇이 그게 뭐야?"

"저 아이는 어쩔 수 없다 치고 우리만이라도 도망치자."

구식이가 낮은 목소리로 속삭였다. 개화가 황당하다는 얼굴로 보자 구식이가 다급하게 말을 이었다.

"네가 잘 모르나 본데, 저렇게 코가 높은 양인 의원들이 어린애들을 데려다가 잡아먹는다더라. 어휴, 아무튼 여기서 빨리 도망가는 게 상책이다."

"뭐라고? 하하하하!"

구식이의 말을 들은 개화가 갑자기 웃음을 터뜨렸다. 그 바람에 안에 있던 박서양이 문을 열고 밖을 내다보았다. 당장이라도 도망치려던 구식이는 박서양과 눈이 마주치자 잔뜩 주눅이 들어서 개화의 소맷자락을 잡아당겼다. 들어오라고 하기 전에 빨리 밖으로 나가자는 뜻이었다. 그런데도 개화는 웃음을 멈추지 않았다. 너무 웃은 나머지 눈물까지 찔끔거렸다.

"큭큭큭!"

"도망가자니까 왜 큰 소리로 웃고만 있냐?"

"그런 말도 안 되는 소리를 믿는 사람이 있다고는 하더라만 직접 보게 될 줄은 몰랐네."

개화는 자신의 소맷자락을 잡아끄는 구식이를 도로 앉혔다.

"아무리 서양에서 배우는 신문물이 좋다고 해도 도깨비처럼 생긴 서양인들을 마구 들여놓다가는 정말로 큰일이 나고 말 거야."

안에서는 여전히 아이가 울부짖는 소리가 들려왔다. 구식이는 소름이 돋고 오싹해서 저도 모르게 몸을 떨었다.

"별일 없을 테니 그렇게 떨 거 없어. 그보다 내 이야기 좀 들어 봐. 갑신정변이 일어났을 때, 명성황후의 조카인 민영익 대감이 크게 다치셨어. 생명이 위태로운 상황이었는데 양인 의원이 치료해 주셨지. 그때는 황제께서도 이미 서양식 의원이 필요하다고 생각하고 계셨거든. 그런데 눈앞에서 직접 사람을 살리는 것을 보신 뒤에 확실하게 마음을 굳히셨지."

개화의 이야기를 들으면서도 구식이는 황제마저 서양인에게 홀린 게 틀림없다고 생각했다. 그런 줄도 모르고 개화의 이야기는 계속 이어졌다.

"갑신정변이 일어난 다음 해에 황제께서 광혜원이라는 서양 의원을 세우셨어. 보름쯤 지나서 이름을 바꿨는데 그게 바로 제중원이야. 제중원은 높은 벼슬아치뿐 아니라 아픈 사람이라면 누구나 드나들 수 있는 의원이지. 그때 그 양인 의원 이름이 뭐더라?"

"안련(알렌)입니다."

언제 나왔는지 등 뒤에서 박서양이 대답했다.

"안련(알렌) 선생님이 민영익 대감을 고치고 황제께 서양 의원을 세우도록 설득하신 분입니다. 우리나라 사람들은 살을 째는 수술을 꺼려해서 수술만 하면 멀쩡해질 수 있는 병인데도 평생 장애를 안고 살아가는 경우가 많습니다."

구식이가 박서양의 말을 막았다.

"살을 쨌다고요? 아까 저 아이는 다리가 부러진 것 같던데 가만히 두면 다리는 붙을 거예요. 하지만 살을 째면 부러진 다리에 상처만 더 내는 꼴이잖아요."

"부러진 다리는 언젠가는 붙겠지요. 그러나 제자리를 잡아 주지 않으면

엉뚱하게 잘못 붙어서 평생 절름발이로 살거나 걷지 못하게 되는 수도 있습니다. 치료를 받으면 훨씬 빨리 나을 수 있게 되지요."

구식이는 제 눈으로 직접 확인하지 못했으니 박서양의 말을 곧이곧대로 믿어서는 안 된다고 마음을 다잡았다. 그 마음을 알아챈 박서양이 빙긋 웃으며 말을 이었다.

"꼭 수술이 필요한 일이 아니어도 그렇습니다. 적절한 치료만 받으면 얼마든지 건강해질 수 있는데도 양의원에 오기를 꺼려해서 병을 키우는 경우도 있어요. 지금은 많이 달라져서 귀한 생명을 구할 수 있으니 다행입니다만, 아직까지도 아녀자들은 병에 걸려도 제중원으로 오지 않습니다. 간혹 제중원에 오더라도 몸을 보여야 한다는 사실 때문에 끝내 진료를 거부하다가 죽음에 이르는 사람도 있답니다. 몸을 보는 게 목적이 아닌데도 말입니다."

박서양이 안타깝다는 듯 고개를 저으며 혀를 찼다. 개화가 웃으며 맞장구를 쳤다.

"그래서 여자들만 진료하는 보구여관(이화 학당에서 세운 최초의 여성 병원)이 생겼지요. 당연히 의원들도 다 여자 선생님들이고요."

"어이쿠, 아가씨 같은 분만 있다면 우리나라도 금세 달라질 겁니다. 아무튼 제중원으로 사람이 모여들자 황제께서는 좀 더 넓고 사람들이 많이 다니는 곳으로 옮기도록 하셨습니다. 그래서 이곳으로 오게 되었지요."

박서양이 자랑스럽게 말했다.

구식이는 문득 아이의 울음소리가 들리지 않는다는 것을 깨닫고는 떨리는 목소리로 물었다.

"아이는…… 어찌 되었나요? 왜 울음소리가 들리지 않죠?"

"그야……."

박서양이 대답을 하려는 때 밖에서 소란스러운 소리가 들렸다.

"개똥아, 개똥이 어디 있냐? 대답해라, 아비가 왔다!"

수염이 기세 좋게 뻗어 나간 덩치 좋은 남자가 말리는 사람들을 뿌리치며 고래고래 소리쳤다. 박서양이 재빨리 달려 나가 남자 앞에 섰다.

"개똥이 아버지 되십니까?"

"너냐? 우리 개똥이를 사람 잡아먹는 소굴에 데려온 놈이? 내가 산골에서 올라온 지 며칠 안 된 가난뱅이라고 무시하나 본데 너 하나쯤이야!"

개똥이 아버지는 한 손으로 박서양의 멱살을 움켜쥐고는 우락부락한 눈을 뒤룩거렸다.

"아니요. 여기는 사람 잡아먹는 소굴이 아니라 제중원이고요. 아드님을 업고 온 고마운 분은 바로 저 도련님입니다."

"양반, 상놈 없어진 세상에 도련님은 무슨!"

개똥이 아버지는 화가 난 입술을 실룩이더니 성큼성큼 구식이한테 다가와 어깨에 척 손을 올렸다.

"도련님이라니 양반 나부랭이었나 본데, 내 아들을 어쩌자고 이런 곳에 데리고 왔소? 엉?"

"저, 저는 그러니까……."

왕방울처럼 뒤룩거리는 성난 눈을 보니 구식이는 말이 입 밖으로 나오지 않았다. 그때 개화가 구식이 앞을 가로막고 나섰다.

"내가 오자고 했어요. 그러니까 잘못을 물으시려거든 나한테 물으세요."

"흥, 고작 여자 뒤에 숨는 거요?"

개똥이 아버지가 구식이를 보며 피식 비웃더니 손을 떼었다.

"이러실 이유가 없대도 그러시네. 개똥이를 만나게 해드릴 테니 저랑 가십시다."

박서양이 개똥이 아버지를 끌고 갔다. 개화가 걱정스러운 눈으로 보니 박서양이 빙긋 웃으며 말했다.

"전 괜찮습니다. 간혹 이런 분들이 있거든요."

개화는 박서양에게 꾸벅 인사한 뒤 구식이를 보았다.

"괜찮아?"

구식이는 벌겋게 달아오른 얼굴로 서둘러 제중원을 빠져나왔다.

"여자 뒤에 숨는다니? 내가 그럴 사람으로 보이나? 괜히 개화 말 듣고 애를 제중원에 데려와서 처음 본 사람에게 멱살이나 잡히고!"

뒤에서 개화가 같이 가자며 불렀지만 구식이의 걸음은 점점 빨라져서 거의 뛰는 것처럼 보였다.

그날 밤, 신 역관과 마주했을 때까지도 구식이는 화가 식지 않은 상태였다. 한성에서 이렇게 수치스러운 일을 당하느니 시험이고 뭐고 다 때려치우고 싶었다. 어서 보물을 받아서 고향으로 내려가겠다고 마음먹고 굳은 얼굴로 신 역관 앞에 앉았다.

"오늘 제중원에 갔다가 멱살잡이를 당했다더니 아직도 분이 안 풀렸나 보구나. 그래도 네 덕에 한 아이가 살지 않았느냐? 그대로 피를 많이 흘렸어도 죽었을 것이고, 그 아버지 고집대로 제중원에 가지 않았다면 평생 한쪽 다리를 못 쓰는 채 살 수도 있었을 아이다. 그런 아이를 네가 살렸는데 그깟 멱살잡이가 그리 분하더냐?"

신 역관의 부드러운 목소리에 구식이가 놀라며 고개를 들었다.

"사람을 살리면서도 누군가에게는 인사를 받고 누군가에게는 멱살잡이를 당하듯 같은 일을 두고도 모두 뜻이 같을 수는 없지. 신문물을 받아들이는 일도 마찬가지다. 새로운 방식이 좋은 사람도 싫은 사람도 있겠지. 네가 받아들이기 힘든 방식이었지만 결국 사람을 살렸지 않느냐."

신 역관의 목소리가 다정하자 화가 났던 마음이 어느새 스르륵 풀렸다. 어쩌면 '통'을 받을지도 모른다는 생각이 들자 구식이의 입가에 슬며시 웃음이 매달렸다.

"이제야 기분이 좀 나아졌느냐?"

"예. 말씀을 들으니 제가 아주 장한 일을 했네요."

"암, 장하지! 장하고말고!"

"그럼, 오늘 시험은 통입니까?"

구식이가 묻자 신 역관은 호탕하게 웃어 젖혔다.

"예끼! 우물에 가서 숭늉을 찾을 녀석이로구나! 당장이라도 그만두고 고향에 내려갈 것처럼 씨근덕거리던 녀석이! 오늘도 불통이니라."

어깨가 축 쳐져 신 역관의 방에서 물러나온 구식이는 신문을 척 펼쳤다.

"이걸 읽는다고 대체 통을 받을 수 있긴 한 걸까?"

편리하고 효과 좋은
서양 의술을 이용하시오!

▲ 박에스더와 시난돈 부인

⊙ 1900년 우리나라에 처음으로 여자 의사가 생겼다. 이는 미국 볼티모어 여자 의학교에서 공부를 마치고 돌아온 박에스더를 이른다. 박에스더가 머나먼 미국까지 가서 어려운 공부를 하고 돌아오게 된 데에는 남다른 사연이 있음이로다.

"열 살 때 이화 학당에 입학해서 영어를 익힌 뒤 보구여관에서 통역을 했는데 그때 한 언청이 소녀가 수술 받는 것을 보았지요. 평생 언청이로 살았을 소녀가 멀쩡해지는 장면은 제게 기적과 같은 일이었나이다. 그 뒤로 의사가 될 결심을 했지요."

서양식 병원의 치료 기술과 효과가 알려지자 환자들이 모여들기 시작했다. 하지만 신식 의료 기술이 있는 의사는 아직도 한참 모자라 서양인 의사에게 치료받을 수밖에 없는 상황이다. 이를 두고 일각에서는 사람을 잡아먹는 서양인에게 치료를 받는다며 분개한다.

박에스더는 이화 학당에 처음 입학하던 때를 떠올리며 미소 지었다.

"이화 학당에 들어오고 나서 처음으로 시난돈 부인을 보던 날은 매우 추웠나이다. 그때 부인은 난로 가까이 오라고 하셨지요. 하지만 저는 부인이 저를 난로에 잡아넣어 태워 버릴 것만 같아 선뜻 다가가지 못했나이다. 만약 제가 그때 두려움을 이기지 못하고 도망갔다면 오늘의 저는 없었을 것입니다."

한편 서양의 기술을 빌어 천연두를 퇴치하고자 한 지석영도 있다. 지석영은 일찍부터 서양 학문을 동경하여 중국에서 번역된 서양 의학책을 즐겨 읽었다. 특히 종두법은 간단한 처치만으로 평생 얼굴이 얽은 채 곰보로 살아야 하는 천연두를 예방할 수 있어 지석영의 관심을 끌었다. 결국 일본 사람에게 종두법을 배운 지석영은 우리 백성들을 천연두에서 해방시키기 위해 남다른 노력을 하고 있다.

지석영은 한발 더 나아가 의사를 길러 낼 의학교 설립을 건의하였다. 그리하여 1899년에 한성 의학교가 세워지자 교장으로 임명되었다.

뿐만 아니라 서양식 병원 제중원에서도 서양 의학을 가르치는 제중원 의학교를 세웠다. 서양 의술을 익힌 의사들을 더 많이 양성하여 더 많은 환자들을 돌보기 위해서이다.

이러한 노력에도 불구하고 많은 백성들이 서양 의술을 접하기에는 의사들이 턱없이 부족하다. 간혹 서양 의술로 치료하는 의원이 있지마는 이는 일본인이 운영하여 우리 백성에게는 문턱이 높을 수밖에 없다. 형편이 되는 사람들은 한의원을 찾지만 그마저도 어려운 경우에는 민간요법에 의지하거나 무당을 찾아가는 게 최선이라 여긴다. 자칫하면 병을 키우게 되는 민간요법이나 무당에만 의지하지 않게 하기 위해서는 서양식 병원이 더욱 많아져야 한다.

▶ 지석영

▲ 지석영이 세운 한성 의학교

일을 찾아 떠나다

"구식아! 오늘은 복동이, 만득이와 함께 다니며 일자리를 알아봐 주어라. 두 아이 모두 언문은 대강 읽을 줄 안다만 한자는 아직 잘 모른단다. 한자를 봐야 할 일이 생길지도 모르니 네가 함께 다니면 좋겠구나."

신 역관의 목소리가 무거웠다. 전날 저녁에 일꾼들을 모두 내보내겠다고 발표한 뒤로 마음이 편치 않은 탓이다. 일꾼들은 그들대로 새 삶을 꾸려야 한다는 사실 때문에 밤새 뒤척이며 잠을 이루지 못했다.

"아저씨, 궁금한 것이 있는데요. 어째서 노비들을 다 내보내려고 하세요?"

"신분 해방 된 지가 언제인데 노비가 어디 있느냐? 모두 가족 같은 사람들이다."

"저도 개화한테 들었어요. 갑순이는 어머니 때부터 개화 외갓집 몸종이었다면서요. 돌아가신 아주머니가 아저씨하고 혼례를 올리면서 따라왔다고 하던걸요? 만득이랑 복동이는 아저씨 집에서 대대로 데리고 있던 노비 자손들이고요."

"그랬지. 하지만 지난 갑오개혁 때 노비 문서를 없앤 뒤로 지금은 품삯을 받고 일을 도와주는 일꾼이다. 떠나도 좋다고 했으나 내 집에 남아 있겠다고 해서 데리고 있었을 뿐이지. 이제 집을 줄여서 새로 지으면 그 많은 사람이 집안일을 하지 않아도 되니 저마다 살길을 찾아야 하지 않겠느냐?"

신 역관의 말에 구식이는 고개를 끄덕였다.

한성에 처음 왔을 때 구식이는 넓은 집에 살게 되어 몹시 좋았다. 연이 방과 제 방 하나씩만 있던 고향 집과 달리 신 역관의 집은 안채와 사랑채, 별채까지 딸린 데다 한때 많은 노비를 부리던 집답게 행랑채도 제법 규모가 있었다. 신 역관은 사랑채 영역에 세 사람이 살기 적당한 크기로 집을 새로 짓고 나머지는 처분하려고 했는데, 그러려면 데리고 있던 일꾼들을 다 내보내야만 했다.

"일자리 알아보는 것까지 걱정이 되시면 집도 새로 짓지 말고 일꾼들도 그냥 두지 그러셨어요."

"식구도 몇 안 되는데 언제까지 이 넓은 집에서 살기를 고집하겠느냐? 살아가는 방식이 바뀌면 집도 달라지는 게 당연하지."

신 역관의 말처럼 근래에 한성에는 서양식으로 단출하게 새 집을 짓는 사람들이 부쩍 늘었다. 신분 해방이 되면서 노비가 떠나자 큰 집은 관리하기도 쉽지 않을 뿐더러 굳이 큰 집을 갖고 있을 이유가 없어진 탓이다.

구식이는 궁궐로 가는 신 역관을 배웅한 뒤 복동이와 만득이를 찾았다. 두 사람도 일자리를 알아보러 막 집을 나서려던 참이었다.

"생각해 둔 일은 있어?"

구식이가 두 사람을 따라가며 물었다.

"생각해 둔 일이 뭐가 있겠어요? 인력거를 몰든 뭘 하든 몸으로 할 수 있는 건 다 해 봐야지요. 그러면 갑순이랑 입에 풀칠은 하지 않겠어요?"

복동이는 얼마 전에 혼인한 갑순이를 떠올리며 빙그레 웃었다. 그러자 나란히 걷던 만득이가 핀잔을 주었다.

"에이, 고작 두 식구 입에 풀칠 못할까 봐 걱정이야? 두고 봐. 난 돈 많이 벌어서 반드시 우리 엄니 기와집에 모실 테니까!"

"너희 엄니는 네가 속 안 썩이고 철만 들어도 기와집에서 사시는 것보다 백배는 좋아하실 거다."

복동이의 말에 만득이가 입술을 삐죽거렸다.

"글쎄, 두고 보면 안 다니까! 보아하니 인력거꾼 자리 알아보려나 본데 나는 인력거 몰 생각은 눈곱만큼도 없으니까 두 분이서 잘 다녀오세요. 이따 집에서 보자고요!"

"그래도 아저씨가 같이 다니라고 하셨는데……."

구식이가 말렸지만 만득이는 금세 멀어져 갔다.

"도련님이 말린다고 듣겠어요? 어떤 일을 구할지는 이따 보면 알겠지요."

"하는 수 없지 뭐. 너는 무슨 일을 할 생각이야? 만득이 말처럼 인력거 몰 거야?"

인력거 회사 앞에 이르자 복동이가 가슴 깊이 숨을 들이쉬었다.

"아무런 기술이 없으니 어쩔 수 없지요. 인력거 몰면서 이발 기술을 배울까 해요."

"이발 기술? 강제로 남의 상투를 자르겠다는 말이야?"

"쯧쯧, 체두관이나 강제로 남의 상투를 자르는 거지요. 지금이 어느 때인데 남의 머리를 강제로 자르겠어요? 하긴, 도련님처럼 고집 센 사람이 평생 긴 머리로 살지 않으려면 체두관이 있어야 하는데 말이지요."

"신체발부 수지부모 불감훼상 효지시야라! 몸에 난 터럭 하나도 부모님께서 주시지 않은 것이 없건만 그런 귀한 몸을 어찌 함부로 하리오! 난 옛사람들의 생각이 옳다고 생각하기 때문에 지킬 뿐이라고."

구식이가 손으로 제 머리통을 감싸자 복동이가 입술을 삐죽거렸다.

"누가 뭐랍니까? 이름도 '구식'인데 오죽 옛사람 같으시겠어요? 충분히 이해합니다. 암요."

걸어가던 도중 복동이가 손으로 어느 점포를 가리켰다. 점포 문에는 빨강, 파랑, 하얀색이 서로 교차된 둥근 기둥 모양이 그려져 있었다. 구식이가 저게 뭔데 그러냐는 듯 의아한 눈으로 복동이를 보았다.

"저기가 바로 이발소라는 곳이에요. 도련님처럼 댕기머리를 잘라 주기도 하고 우리 마님처럼 이미 머리카락을 자른 사람들이 계속 단정하게 머리를 손질하기 위해 가는 곳이래요. 저기서 이발 기술을 배우면 이발사가 될 수 있대요. 인력거 모는 것보다 힘도 덜 들어 보이니 저걸 배워야겠어요."

"그래서 넌 기어이 체두관을 하겠단 말이야?"

둘이 이발소를 기웃거리며 옥신각신하는데 안에서 단정하게 머리를 자른 나이 든 남자가 나오며 말했다.

"체두관이라니, 이렇게 답답한 사람을 보았나. 체두관은 단발령이 내려졌을 때나 있었지. 일본놈들이 명성황후를 죽이고 우리나라를 개혁한답시고 단발령을 내렸는데 그걸 누가 따르려고 했겠나? 다들 상투를 자르지 않겠다 하니 체두관을 두어 강제로 상투를 자르라 했던 거지. 쯧쯧."

복동이도 옆에서 거들었다.

"지도 들었구면요. 지금은 그때랑 달라요. 높은 양반들이 서양에 직접 가서 그 나라 문물을 배워 왔는데 그때부터 스스로 머리카락을 자르는 사람이 늘어나기 시작했다네요."

구식이 목소리가 거칠어졌다.

"아니, 높은 양반이라면 공부도 제법 했을 텐데 어떻게 옛사람의 뜻을 거스를 수 있지?"

"뜻을 거스른 게 아니라네. 점차 서양 복식을 입게 되면서 그에 맞춰 머리 모양도 달라졌을 뿐이지. 머리를 자르는 사람이 점점 늘어나게 되었으니 짧은 머리를 멋지게 유지하기 위해 이발사가 필요하게 된 거지."

구식이가 고개를 갸웃거리는 동안 이발소에서 나온 남자는 자신의 머리를 유리에 비추어 보고는 지나갔다. 그 사이 복동이도 그 옆 인력거 사무실로 들어갔다.

"앞에 조심하십시오!"

뒤늦게 복동이를 따라 들어가려는 구식이 앞으로 인력거꾼이 지나가며 소리쳤다. 구식이가 화들짝 놀라며 뒤로 물러섰다.

"거참! 별 직업이 다 생겼네. 예전에 백성들이 할 수 있는 일이라고는 고

작 농사짓고 장사하고 물건을 만드는 일이 다였는데 말이야."

인력거 몇 대를 더 보내고 들어가려니 안에서 복동이가 나왔다.

"벌써 끝났어? 난 들어가 보지도 못했는데?"

"도련님이 일할 것도 아닌데 들어가서 뭐 하게요?"

"그렇기는 하지만. 아저씨가 일자리 알아볼 때 도우라고 하셨는데?"

"돕고 말고 할 것도 없어요. 인력거 몰겠다니까 아무 때나 나오라고 하던데요, 뭘."

"한문 봐야 한다거나 하는 일은 없었고?"

"없었어요. 이제 집에 가요."

날이 어둑어둑할 무렵 사랑채에서 시끄러운 소리가 들렸다. 싸움이라도 났나 싶어 가니 만득이가 종이 한 장을 흔들며 크게 떠드는 중이었다.

"대체 왜 내 말을 못 믿어? 정말로 먹이고 재워 주면서 공부도 시켜 준다고 했다니까. 생전 처음 들어보는 나라에 간다니 걱정하는 마음은 알겠는데 전혀 걱정할 일이 아니에요. 그리고 나야 아직 젊은데, 뭘. 젊으니까 다른 나라도 가 보는 거지. 안 그래요? 하와이에서 몇 년 일하면 돈도 많이 벌 수 있고, 공부도 하고, 또 예쁜 각시도 얻을 수 있다니까 몇 년만 기다리셔. 내가 우리 엄니 반드시 기와집에 모신다, 암!"

다들 걱정스런 얼굴로 보았지만 만득이는 자신만만한 모습이었다. 소란을 듣고 달려온 개화가 물었다.

"무슨 일인데 그래?"

"만득이가 하와이라는 나라를 간답니다. 아가씨가 좀 말려 주세요. 제 말은 통 듣질 않네요."

늙은 만득이 엄마가 울음 섞인 목소리로 애처롭게 말했다.

"내 앞길 내가 정한다는데 아가씨가 말한다고 내가 들을 것 같아요? 여기 이 종이에 다 쓰여 있다니까 엄니는 왜 내 말을 못 믿고 그래요?"

"맞아. 내가 하란다고 하고 하지 말란다고 안 하겠어? 그래도 그동안 한솥밥 먹은 정이 있으니 무슨 종이인지 볼 수 있겠지?"

개화가 손을 내밀자 만득이는 마지못해 종이를 건네주었다. 사람들의 시선이 일제히 종이에 쏠렸다. 개화는 손가락으로 글자를 짚어 가며 읽어 내려갔다.

"혼자든 가족과 함께 오든 하와이에서 살려는 사람에게는 일자리를 주겠노라. 모든 곳에 학교가 있어 영어를 가르쳐 주며 학비는 받지 않겠다. 월급은 열흘마다 미국 돈으로 주며, 대한제국 돈으로는 대략 57원 정도이다. 날마다 열 시간만 일하고 일요일에는 쉴 수 있다. 대미국 땅 하와이 이민 감독 겸 광고 대리 사무관 벤슨이 아뢰오."

"거봐요! 내 말이 맞죠? 엄니도 똑똑히 들었죠? 인제 나 말리지 말아요."

개화가 읽기를 마치자 만득이는 의기양양한 얼굴로 사람들을 둘러보았다. 보다 못한 구식이가 꾸짖듯 나섰다.

"그래도 나라를 떠나서 어떻게 살려고 그래? 네가 끔찍하게 위하는 어머니와 형제 같은 사람들이 있는 곳에서 사는 편이 낫지 않겠어?"

"쳇, 아직도 댕기머리나 주렁주렁 드리우고 세상 물정은 눈곱만큼도 모르면서 지금 누구를 가르칩니까? 도련님은 이제껏 나라가 양반이라고 받들어

주었지요? 나 같은 놈은 태어난 곳에서도 사람대접을 못 받고 살았습니다. 어차피 사람대접 못 받고 살 바에는 돈이라도 벌면서 새로운 세상에서 살아 보는 것도 나쁘지 않겠다는 말이오."

"아이고! 도련님, 용서하십시오. 저 녀석이 지금 뵈는 게 없나 봅니다."

만득이 엄마가 대신 사과했다.

"엄니도 그러지 말아. 우리는 이제 노비도 아니고 도련님도 양반이 아니라니까. 도련님은 무슨! 나보다 네 살은 어린 동생인데."

떨리는 목소리였지만 만득이는 끝내 하고 싶은 말을 뱉었다.

"야, 너 나 좀 보자!"

보다 못한 복동이가 만득이를 끌고 갔다. 야단을 치려는 듯 기세 좋게 끌고 갔지만 정작 복동이가 궁금한 것은 따로 있었다.

"거기 가면 돈은 많이 벌 수 있대?"

"당연하지. 형은 아까 대체 뭘 들은 거야? 열흘마다 한 번씩 돈을 준다잖아. 우리처럼 돈 쓸 줄 모르고 열심히 일하는 사람들은 금세 기와집 산다니까. 살 집도 주니까 식구랑 같이 가도 돼. 여기로 돌아올 무렵이면 개화 아가씨보다 쏼라쏼라 영어도 더 잘할걸? 형도 가자! 혼례도 올렸으니 갑순이 누나랑 같이 가면 되잖아."

기세등등한 만득이의 목소리가 멀리까지 왕왕 울렸다.

"구식이랑 개화는 안으로 들어오너라."

언제부터인지 대청마루에 있던 신 역관이 두 사람을 불렀다. 구식이는 만득이의 일자리를 함께 알아보지 못했다는 데 생각이 미치자 마음이 무거웠다. 자리에 앉자 구식이가 먼저 입을 열었다.

"복동이는 인력거꾼으로 일하기로 했어요. 만득이는…… 마음대로 가 버리는 바람에 함께 일자리를 알아봐 주지 못했어요. 그래도 어쨌든 두 사람이 일자리는 구했어요. 아저씨 뜻대로."

"그게 무슨 말이야? 아버지가 다른 나라까지 가서 일을 하길 바라실 리가 없잖아."

개화는 말도 안 되는 소리라는 듯 구식이에게 눈을 흘기고는 신 역관에게 애원했다.

"아버지 말씀이라면 들을지도 몰라요. 만득이를 좀 말려 보세요."

"말은 해 보겠다만 내가 나선다고 되겠느냐? 스스로 결정했고 나라에서도 허락한 일인데."

"황제께서 백성들이 다른 나라로 떠나는 것을 허락했단 말이에요?"

개화가 깜짝 놀라며 물었다.

"하와이, 멕시코와 같은 먼 나라로 떠나간 사람이 벌써 꽤 된단다. 황제께서도 극심한 가뭄 때문에 온 백성이 굶어 죽을 상황에 처하자 다른 방도가 없으셨겠지."

"그 나라에 가서 무슨 일을 하는데요? 힘들지는 않대요?"

"힘들지 않을 리가 있겠느냐? 설탕을 만드는 사탕수수 농사를 짓게 된다는데, 생전 해 보지도 않은 농사에 기후마저 우리와 맞지 않으니 병들기도 십상이고 말도 통하지 않아 고생이 이만저만 아니라더라. 그래, 구식이는 오늘 다녀 보니 어떻더냐?"

신 역관의 시험이 시작되었다는 것을 알았으나 구식이는 선뜻 대답할 수가 없었다. 만득이 일로 마음이 무거운 데다 복동이의 새 직업 이야기에 단발령까지……. 머릿속이 정리가 되지 않아 무엇을 말해야 좋을지 알 수 없었다. 게다가 영원히 통을 받지 못할 것 같은 막막함마저 느꼈다. 보다 못한 신 역관이 먼저 입을 떼었다.

"시대가 바뀌어 노비니 양반이니 하는 신분이 없어졌다. 그와 함께 새로운 문물이 들어와 사람들이 살던 집도 예전과 달라졌지."

"그래서 전처럼 하인들을 거느리고 살 수 없게 되었습니다. 따로 나가 살아야 하는 하인들은 일자리를 구해야 하고요."

구식이가 곰곰이 생각해 가며 대답했다. 시의 운을 띄우듯 신 역관이 다시 말했다.

"농사짓는 사람들이 대다수였던 예전과 달리 이제는 땅이 없어도 할 수 있는 일이 많아졌다."

"저도 같은 생각을 했습니다. 복동이가 인력거를 몰면서 이발 기술을 배우겠다고 하더라고요. 예전이라면 그런 일로는 먹고 살 수 없었을 텐데 시대가 달라졌기 때문에 가능한 일이지요."

신 역관과 이야기를 나누다 보니 뒤죽박죽 엉켜 있던 생각들이 술술 풀리는 느낌이었다.

"만득이 일만 해도 그래요. 예전 같으면 일을 찾아서 나라를 떠나겠다는 생각을 감히 어떻게 했겠어요? 그런데 지금은 황제께서 허락하고 다른 나라에서도 어서 와서 일을 하라고 적극적으로 나서잖아요."

그때 밖에서 만득이 엄마가 한숨을 내쉬며 흐느끼는 소리가 들려왔다. 아무래도 만득이가 고집을 꺾지 않은 모양이었다. 신 역관이 무거운 목소리로 말했다.

"그 모든 게 새로운 문물과 제도를 받아들이면서 가능해진 일이다."

"하지만 새로운 세상이 되는 게 무조건 좋다고 할 수는 없을 것 같아요. 세상이 변하지 않았다면 만득이가 떠난다고 하지도 않았을 테고, 만득이 엄마가 울 일도 없었겠지요."

"그렇겠지. 하지만 우는 사람이 있다면 웃는 사람도 반드시 있는 법이다. 내 뜻이 궁금하더냐? 나는 지금은 울더라도 마침내 웃는 세상을 만들고 싶다. 몇몇 사람만 웃는 게 아니라 될 수 있으면 많은 사람들이 함께 웃는 세상 말이다."

신 역관의 말에 뒤통수라도 맞은 듯 멍하니 있던 구식이가 한동안 생각에 잠겨 있더니 마침내 빙긋 웃었다.

"오늘 시험도 불통이지요?"

신 역관도 지그시 웃었다. 방으로 돌아온 구식이는 신문을 펼치면서 중얼거렸다.

"많은 사람들이 함께 웃는 세상이라! 신문에 그런 것도 나오려나?"

과연 평등한 세상은 오는가

⦿ 갑오개혁으로 신분 제도가 사라진 뒤에도 천민들은 차별과 천대를 받으며 살아야 했다.

광대, 기생, 포졸, 무당, 갖바치(동물 가죽으로 신을 만드는 사람), 고리장(나무껍질을 벗겨서 장을 만드는 사람), 백정(소나 돼지 등을 잡는 일을 하는 사람) 이렇게 일곱 천민 중에서도 백정은 가장 낮은 신분이었다. 혼인한 뒤에도 상투를 틀면 안 되었고, 갓을 쓰거나 도포를 입을 수도 없었다.

천민 대부분은 불평등한 현실에 부딪혔을 때 실망하고 체념하였다. 하지만 더는 천대받고 살 수 없다며 분연히 떨쳐 일어선 자가 있으니, 바로 백정 박성춘이다. 박성춘은 사람들의 시선을 아랑곳하지 않고 옳다고 생각하는 일은 묵묵히 뚝심 있게 밀고 나갔다.

"신분 해방이 된 마당에 뭐가 무섭겠습니까. 아무런 노력도 하지 않은 채 세상을 원망하는 것이 가장 두려운 일 아니겠습니까? 그래서 자식만큼은 저처럼 안 만들려고 죽을힘을 다해서 공부를 가르칩니다."

▲ 백정 박성춘과 그의 아들 박서양

박성춘의 아들 박서양은 제중원 의학

교에서 공부하는 학생이다. 의학교를 졸업한 뒤에는 백성들을 구하는 의사가 되리라 믿어 의심치 않았다. 박성춘은 또 1898년 만민공동회에서 연설을 하기도 하였으니 장차 천민들이 제 목소리를 내는 때도 멀지 않았음이로다.

한편, 본래 천민 출신은 아니었으나 새로운 세상에서 하층민으로 떨어질 것을 우려하는 무리도 있다. 제물포 부두에서 일하는 노동자 김OO(남, 18세)는 "양반은 못 되어도 손가락질 받는 신분은 아니었어요. 어려서 부모님을 잃고 남의 집 품팔이를 하다가 지금은 부두에서 일하는데, 하루하루 먹고 살지만 이렇게 살다가는 장래를 장담하기 어렵겠더라고요. 아무리 신분 해방이 되었다지만 여전히 행세깨나 하는 사람들은 넘쳐나고, 저처럼 먹고 사는데 급급해서 사람답게 사는 것을 잊고 사는 사람도 많더이다. 이러다가 결국 돈 때문에 새로운 신분 제도가 만들어지지 않겠습니까?"라며 미국으로 떠나기를 결심했다고 한다. 집도 주고 공부도 가르쳐 주고 일한 만큼 돈도 받는 미국에서라면 새롭게 시작할 수 있겠다는 설명이었다.

우리 백성이 하와이로 처음 떠난 것은 1902년 12월 22일로, 제물포의 한 예배당 신도 오십여 명과 부두 노동자 이십여 명을 포함한 아흔일곱 명의 사람들이었다. 앞으로도 많은 사람들이 하와이와 멕시코로 새 삶을 찾아 떠날 예정이다.

아아, 새로운 세상이 밝았으나 여전히 백성들의 삶은 팍팍하기만 하니 나라에서는 이 점을 깊이 고민할지어다.

▲ 하와이로 이주하는 한국인을 태우고 떠나는 갤릭호

서양인이 우리 땅의 주인?

"아가씨, 아가씨!"

저녁 무렵 갑순이가 보름달만큼 둥그런 배를 안고 대문으로 들어섰다. 다급하면서도 반가워하는 목소리를 보니 복동이한테 서신이 온 모양이었다.

인력거꾼으로 일하던 복동이는 인력거 손님이 줄어든 지난 겨울에 중대 발표를 하고 나섰다. 광산이 많은 평안도 운산으로 가겠다고 한 것이다. 그 무렵, 갑순이의 배 속에는 아기가 자라고 있었다. 복동이는 몇 년만 고생하면 남부럽지 않게 아기를 키울 수 있다며 굵은 눈발이 날리는 겨울에 평안도 운산으로 떠났다.

그동안 평안도에서 복동이의 서신이 오면 글을 못 읽는 갑순이를 위해 개화가 맡아서 읽어 주고 있었다.

"넘어지면 어쩌려고? 아무리 좋아도 그렇지 산모가 배 속의 아기를 먼저 생각해야지."

개화가 방에서 나오며 잔소리를 했다.

복동이 소식이 궁금한 구식이도 슬금슬금 밖으로 나왔다.

"안 넘어지니까 걱정 마시고 빨리 읽어 주세요."

갑순이가 웃으며 복동이의 서신을 내밀었다. 개화는 서신을 펴서 천천히 읽어 내려갔다.

"갑순아!"

첫 줄을 읽은 개화는 눈으로 빠르게 글자를 먼저 훑더니, 갑자기 읽기를 멈추고 종이만 뚫어져라 보았다.

"아가씨, 빨리요!"

갑순이의 재촉에 멍한 눈으로 종이를 보던 개화가 떨리는 목소리를 가다듬으며 처음부터 다시 읽었다.

"이번 서신은 좀 짧으니까 잘 들어. 임자 보시게! 몸 건강히 잘 있는가? 나도…… 걱정해 준 덕분에 잘 있다네."

"나도 덕분에 잘 있어."

갑순이는 복동이가 옆에 있기라도 한 듯 읽어 주는 문장마다 답을 달았다. 건강하게 잘 지내다가 탈 없이 아기를 낳으라는 내용과 개화, 구식이에게 안부를 전하는 것이 다였다. 짧은 내용에 갑순이가 아쉬워하며 한 번 더 읽어 달라고 했으나 개화는 머리가 아프다며 안으로 들어갔다. 그러자 갑순이가 구식이에게 서신을 내밀었다.

"그럼, 도련님이 좀 읽어 주세요."

"이미 다 들었으면서 뭘 또 읽으래?"

구식이는 헛기침을 하고는 마지못한 척 서신을 받아들었다.

"갑순아!"

둘째 줄을 읽으려던 구식이는 머뭇거리며 말을 잇지 못했다.

서신은 개화가 읽어 준 것과 전혀 다른 내용이었다. 광산에서 다친 복동이가 옆에서 간호할 사람이 필요하다며 염치없지만 와 줄 수 있느냐는 내용이었다. 편지를 직접 쓰지 못할 만큼 아파서 다른 사람이 대신 쓴다고 했다. 개화는 갑순이가 안심할 수 있는 말을 지어서 읽은 것이었다. 당황한 구식이가 어찌할 바를 모르는 사이 방문을 열고 개화가 내다보았다.

"갑순아, 구식이가 한자는 잘 알아도 언문은 잘 몰라. 답장은 내가 써 줄 테니 서신은 놓고 가서 쉬어."

갑순이는 믿을 수 없다는 듯 보았지만 구식이마저 고개를 끄덕이며 그 말이 옳다고 하니 달리 할 말이 없었다. 갑순이가 돌아간 뒤 구식이가 따졌다.

"아무리 그래도 그렇지. 복동이도 다 아는 언문을 내가 모른다는 게 말이나 돼?"

"그럼, 서신에 적힌 대로 줄줄 읽어 줄 참이었어? 의지할 식구 하나 없이 복동이 오기만 기다리는 사람한테 다쳐서 죽을 동 살 동 한다고 말해 줄 셈이었냐고?"

"누가 그렇대? 그나저나 어쩔 셈이야? 갑순이한테도 거짓말을 했으니 누가 거길 가냐고?"

"몰라. 그래도 일단 갑순이는 모르게 해야지."

"무슨 일로 언성을 그리 높이느냐?"

신 역관이 마당으로 들어서며 물었다. 개화가 복동이의 처지를 이야기하자 곰곰이 생각하던 신 역관이 말했다.

"어렵겠지만 너희가 가야겠구나. 내일 날 밝는 대로 복동이가 있는 평안도 운산으로 떠나거라. 내가 믿을 만한 사람에게 미리 서신으로 부탁을 해 두마. 구식이는 시험이 아직 끝나지 않은 것 알고 있지?"

신 역관은 의미심장한 얼굴로 구식이를 보고는 방으로 들어갔다.

"시험도 좋지만 평안도 운산이 동네 뒷산도 아니고! 아저씨는 대체 무슨 생각이지?"

구식이는 고개를 가로저으며 제 방으로 돌아갔다.

다음 날, 개화와 구식이는 신 역관이 구해 준 말을 타고 새벽같이 길을 나섰다. 한성에서부터 의주로 연결되는 철도를 만드는 중이었는데 가는 방향이 같아 기찻길을 따라 달리기로 했다.

"대체 땅에다 이게 무슨 짓이람?"

구식이가 길게 이어진 기찻길을 보고 눈살을 찌푸렸다.

"나쁜 점이 있으면 좋은 점도 있는 법이지. 덕분에 우리가 길을 잃지 않고 갈 수 있잖아. 안 그래?"

"그래도 땅을 이렇게 흉하게 망쳐 놓다니 정말 마음에 안 들어."

"세상이 바뀌는데 어찌겠어. 그러지 말고 좋은 점을 생각해 보라니까. 음, 기차는 전차보다 빠르다고 하더라. 전차처럼 생긴 게 여러 개 붙어 있어서 한 번에 많은 사람이 이동할 수도 있대. 어쩌면 머지않아 우리도 말이 아니라 기차를 타고 어디로든 갈 수 있을 거야."

"그건 좀 괜찮을 것 같다. 기왕이면 운산까지 가면 더 좋고."

웬일로 구식이가 고개를 끄덕였다. 사실은 말을 타고 가는 게 익숙하지 않아 아까부터 엉덩이가 아픈 데다 말 위에 오래 앉아 있기도 불편했기 때문이다. 기차라면 최소한 엉덩이는 아프지 않을 것 같았다.

점심 무렵 도착한 곳에서 둘은 이상한 모습을 보게 되었다. 열 명 남짓한 사람들이 기찻길에 모여 기운을 쓰고 있었다.

"하나, 둘, 셋! 영차!"

농부로 보이는 사람들은 이미 놓인 철로를 망가뜨리는 중이었다. 개화가 놀라서 소리쳤다.

"지금 뭐 하시는 거예요? 그렇게 하면 기차가 달릴 수 없잖아요!"

"기차가 달리지 못하게 하려는 거다. 알토란 같은 내 땅이 고스란히 기찻길이 되었는데 내가 가만히 있어야겠냐?"

"아무렴! 나는 또 어떻고? 이놈의 기찻길 만들라고 강제로 끌려 나오니 도통 농사를 지을 수가 있어야지. 이런 기찻길은 아예 만들지 않는 게 낫다!"

"옳소! 일본 놈들이 아라사와 전쟁하느라 서둘러 기찻길을 놓는 건데 어째서 우리 백성들이 고생을 해야 하느냔 말이야. 그 전쟁이 어디 보통 전쟁인가? 일본과 아라사 모두 우리나라를 서로 차지하려고 벌이는 속 시커먼 전쟁이지!"

농부들은 하나같이 화가 나서 아우성이었다. 개화가 납득이 안 된다는 얼굴로 물었다.

"전쟁 때문에 기찻길을 놓는다고요? 저는 황제께서 힘 있는 나라를 만들려고 철도를 놓기로 했다고 알고 있어요. 늦은 만큼 서양 문물을 빨리 받아들이기 위해 노력하셨는데 그 덕분에 전차는 일본보다 몇 년이나 앞서서 들여왔는걸요."

"글쎄다! 아라사와 일본이 우리나라를 차지하려고 전쟁을 하는 바람에 우리가 피해를 입는 이 상황을 보면 네 말이 딱히 믿어지지는 않는구나."

한 농부가 팔짱을 끼고 고개를 저었다. 개화는 신 역관에게 들은 이야기를 떠올려서 농부들에게 설명하려고 애를 썼다.

"정말이에요. 황제께서는 일찌감치 우리나라를 차지하려는 일본의 속셈을 알아채고 계셨어요. 그래서 아라사 등 여러 나라와 교류를 하며 외교 관계를 유지하려고 했어요. 어느 나라도 우리를 넘볼 수 없도록 중립국이 되고자 모든 방법을 동원했고, 아라사와 일본이 전쟁을 시작하기 전에는 실제로 중립국을 선언하셨다니까요!"

"그래 좋다. 황제가 전쟁을 막기 위해 노력을 했다 치자. 그러나 어쨌든 전쟁이 일어났고, 일본이 군용 물자를 나르기 위해 신의주까지 기찻길을 놓으려고 혈안이 되어 있다. 다시 말해서 너희가 지나는 이 철도는 우리 관리가 아니라 일본 군인들이 감독하고 있단 말이다."

"너희가 아직 어려서 잘 모르나본데, 일본이 이 철도를 놓는 건 우리나라는 물론이고 만주까지 차지하려는 속셈이다. 지들 이익 때문에 남의 땅을 빼앗아 기찻길을 놓으면서 우리가 발전하도록 돕는다는 말도 안 되는 소리나 지껄이고! 에이, 나쁜 놈들, 퉤!"

일본 군인에게 당한 일이 떠올랐는지 한 농부가 거칠게 침을 뱉었다. 나이

지긋한 한 농부가 심각한 얼굴로 말했다.

"그뿐이 아니야. 기찻길이 놓이면 광산에서 캐어 낸 금이며 은이 기차에 실려 죄다 다른 나라로 빠져나간다더라. 내 나라를 위해 쓰인다면 누가 뭐라 하겠냐마는 순전히 남의 나라 좋은 일만 시키고 있으니 우리도 가만히 있을 수만은 없었다. 대체 나라가 어떻게 돌아가고 있는지, 원!"

농부들은 누구랄 것도 없이 울분을 토해 냈다.

구식이와 개화의 마음도 무거웠다. 멀리 들판을 보며 답답한 숨을 내뱉던 구식이는 이쪽으로 다가오는 사람들을 발견했다.

"엇? 저기 누가 와요. 농부는 아닌 것 같고…… 까만 옷에 빨간 줄을 두른 모자도 쓰고 칼 같은 것을 차고 있어요."

구식이의 말에 기찻길에 모여 있던 사람들이 갑자기 바빠졌다.

"일본 군인이다! 도망쳐야 해. 잡히면 죽는다! 너희들도 어서 가라. 어서!"

사람들은 순식간에 숲으로 사라졌다. 누군가 달아나면서 말 궁둥이를 치는 바람에 개화와 구식이도 다시 달리게 되었다. 기찻길 덕분에 길을 잃지 않을 수 있었지만 두 사람은 더 이상 기찻길을 두고 감탄할 수가 없었다.

복동이가 있다는 광산은 깊은 산속에 있어 두 사람은 말에서 내려 산길을 걸어야 했다. 그래도 많은 사람들이 드나들었는지 길이 나 있어서 찾기 어렵지는 않았다.

"어휴, 드디어 다 왔다. 앗!"

무심코 주위를 둘러보던 개화는 두 손으로 얼굴을 가리며 그 자리에 털썩 주저앉았다.

"왜 그래?"

"저기!"

개화가 가리킨 곳에는 시커먼 광부들이 줄지어 서 있었다. 맨 앞쪽에는 서양인들이 광부의 옷을 모두 벗긴 채로 세워 놓고 몸을 뒤지고 있었다. 그걸 본 개화가 놀라서 주저앉은 것이다.

"무슨 일이지?"

구식이는 더 다가가지 않고 가만히 사람들을 지켜보았다. 서양인은 우리나라 광부에게 입을 벌리게 하여 혀 밑바닥까지 뒤집어서 입속은 물론이고 몸 구석구석 이 잡듯 찬찬히 살폈다. 옆에 있던 다른 서양인은 광부가 벗어 놓은 옷가지를 들어 주머니며 옷 솔기 사이까지 꼼꼼하게 뒤졌다. 두 사람에게 아무 이상이 없음을 확인받은 광부는 그제야 옷을 입을 수 있었다. 뒤로 길게 늘어선 사람들은 마찬가지로 검사를 받기 위해 줄을 서서 기다리고 있었다.

그때 줄 선 광부들 뒤쪽에서 소란스러운 소리가 들려왔다.

"노다지다! 노다지를 찾았다!"

광산 쪽에서 온몸이 시커먼 광부 하나가 손에 든 것을 높이 치켜들며 사람들 쪽으로 달려왔다. 눈 흰자위와 기쁨에 들뜬 이빨만 빼고 온통 까맣게 탄가루를 뒤집어 쓴 광부는 얼핏 보면 도깨비 같았다. 줄 선 광부들을 살피던 서양인 한 사람만 빼고 나머지 서양인들이 소리치는 광부에게 달려갔다.

"노 터치! 노 터치!"

서양인들은 험악한 얼굴로 광부에게 소리치며 손에 든 금덩이를 거칠게 빼앗았다.

"맞아요. 노다지! 내가 노다지를 찾았다고요!"

싱글벙글 웃는 광부의 이가 하얗게 드러났다. 금덩이를 빼앗은 서양인들은 광부가 반항하지 못하도록 붙든 뒤 강제로 옷을 벗기려 했다.

"왜 이래요? 노다지 줬는데?"

광부가 거부할수록 서양인들의 손길은 더 거칠어졌다.

"쯧쯧, 금덩어리를 찾아도 좋아하지 말라고 그렇게 일렀건만."

"여기 온 지 며칠 안 돼서 그런 걸 어쩐답니까? 우리도 처음에 노다지 찾고서는 눈이 뒤집히지 않았습니까? 옆에서 무슨 말을 해도 안 들린다니까요."

몸수색을 당한 뒤 나오는 광부들은 금덩이를 찾은 광부의 옷이 벗겨지는 것을 보며 끌탕을 했다.

"대체 무슨 일이야? 나 언제까지 이렇게 있어야 하는데?"

개화가 눈에서 손을 떼지 못한 채 물었다. 그제야 구식이가 이쪽으로 걸어오는 광부들에게 물었다.

"복동이라는 사람을 찾으러 왔습니다. 지금 어디 있습니까?"

"나를 따라오너라."

한 광부가 선뜻 따라오라며 앞장섰다. 광부를 따라 한참을 걸어가니 나무 판자로 얼기설기 지어 놓은 집들이 나왔다.

"다 왔다. 난 개울에서 씻고 들어갈 테니 먼저 들어가 보거라."

집 안에는 흙이 고스란히 드러난 땅바닥에 침상이 다닥다닥 놓여 있었다. 복동이가 한 귀퉁이에서 끙끙 앓고 있었다.

"복동아! 이게 어찌 된 일이야?"

"아가씨! 구식 도련님도……."

개화와 구식이를 본 복동이는 차마 말을 잇지 못하고 눈물만 주르륵 흘렸다. 붕대로 친친 감긴 다리 때문에 일어나 앉기도 불편해 보였다.

"열흘 전에 광산에서 흙이 무너져 내리는 바람에 다리가 깔렸어요."

"진즉 연락하지 그랬어."

"반대하시는 걸 무릅쓰고 온 터라 볼 낯이 있어야지요."

복동이가 뒤통수를 긁적였다. 그제야 마음이 조금 놓이는 눈치였다. 구식이가 복동이에게 물었다.

"그런데 왜 우리 땅에서 서양인들이 주인 행세를 하고 있어? 아까 보니까 사람들을 마구 발가벗기고 함부로 몸을 뒤지던데."

"여기서는 서양인들이 주인이에요."

"어째서? 평안도 운산은 엄연히 우리 땅이잖아."

개화도 이해가 안 된다는 듯 고개를 갸웃거렸다.

"땅은 우리 땅이 틀림없지요. 그런데 이 광산은 미국인 것이랍니다. 모르기는 해도 운산에 있는 그 많은 광산 중에 우리나라 사람이 주인인 광산은 하나도 없을 거예요. 황제께서 그렇게 하기로 약속했대요."

"그게 무슨 말이야? 황제께서 왜 미국인에게 광산을 줬는데?"

구식이는 아예 화를 내고 있었다.

"그게 외교라는 거래요. 몇 년 전에 안련(알렌)이라는 미국 공사가 황제께 운산에서 광산을 개발할 수 있도록 허락해 달라고 했답니다. 그때는 일본이 명성황후를 살해하고 황실을 압박하니까 미국에게 광산 개발을 허락하면서 친분을 쌓아 두려 했다고 하대요. 또 금을 캐면 일부를 왕실에 바치겠다고 했다나 봐요."

"미국의 힘을 이용해서 일본을 누르겠다는 생각인 거지."

개화가 거들었다.

"그런데 다른 나라에서 왜 미국한테만 광산 개발을 허락하느냐면서 자기들도 광산을 하게 해 달라고 했대요. 지금 우리나라 상황에 미국과 친하자고 다른 나라와 등 돌릴 수는 없잖아요. 결국 다른 나라한테도 허락하는 수밖에 없었다네요."

"아무리 그래도 그렇지. 내 나라 내 땅에서 외국인이 주인 노릇을 하다니 기가 막힐 노릇이로군!"

구식이가 천장을 올려다보며 깊은 한숨을 내쉬었다.

오는 동안 만났던 농부들의 말처럼, 기찻길이 놓아지면 그 길을 따라 광산에서 나온 것들이 모두 외국으로 실려 간다고 생각하니 억울하기까지 했다. 가만히 듣고 있던 개화가 물었다.

"아까 보니까 사람들이 '노다지'라고 하던데, 여기서는 금덩이를 노다지라고 해?"

"네. 우리가 금덩이를 찾기만 하면 서양인들이 노다지라고 하니까 서양에서는 금덩이를 보고 노다지라고 하는 줄 알았죠. 그래서 우리도 금덩이를 찾으면 노다지라고 소리쳤지요. 그런데 알고 봤더니 그게 아니더라고요."

복동이가 망설이다가 씁쓸한 얼굴로 말을 이었다.

"서양인들이 노다지라고 하는 건 우리가 금덩이를 어떻게 할까 봐서 손대지 말라고 소리치는 거래요. 그렇지 않고서야 목숨 걸고 금덩이를 찾아 준 우리들한테 그렇게 못되게 굴겠어요? 일 끝나면 저녁마다 옷을 다 벗기고 몸 구석구석 살핀다니까요. 행여나 금 부스러기라도 숨겨 갈까 봐서요."

개화와 구식이는 말없이 서로 바라보았다.

서양인의 말을 알아듣지는 못했지만 아까 지켜본 모습으로 보아 복동이 말은 틀리지 않았다.

"이제 집에 가자!"

"더 있으라고 해도 안 있을래요. 그동안 목숨이 위태로웠던 적이 한두 번이 아니었어요. 실제로 제가 사고 당할 때 바로 옆에 있던 사람은 흙더미에 파묻혀서 죽고 말았어요."

복동이는 아픈 다리를 끌고 이를 악물며 일어섰다.

개울에서 검댕을 씻어 낸 광부들이 하나둘 안으로 들어왔다. 다리는 좀 어떠냐고 물어보는 사람도 있었지만, 대부분은 입을 열 기운도 없이 축 처진 어깨로 바닥에 쓰러지듯 누웠다.

"형님들, 그동안 고마웠습니다. 저만 고향으로 돌아가 죄송해요. 부디 몸조심하세요."

복동이의 말에 다들 목이 메어 말을 잇지 못했다. 부러운 마음과 걱정되는 마음에 손을 잡아 주거나 한 번씩 안아 주기만 할 뿐이었다.

구식이와 개화는 신 역관에게 부탁을 받은 관리의 도움으로 가까스로 복동이를 데려올 수 있었다.

광산에서 돌아오자 신 역관이 개화와 구식이를 불러 위로했다.

"먼 길 다녀오느라 고생 많았다."

입을 꾹 다문 채 내내 생각에 잠겨 있던 구식이가 자못 심각한 얼굴로 입을 열었다.

"저번에 신문물을 받아들이는 것에 대해 말씀하실 때 아저씨가 그러셨어요. 지금은 울더라도 마침내 웃는 세상을 만들고 싶다고요."

"그랬지. 그건 왜 묻느냐?"

"과연 그런 세상이 올까요? 운산 가는 길에 만났던 농부들은 기찻길이 놓이면서 땅을 빼앗기고 강제로 끌려 나와 일을 하느라 원망하고 있었어요. 심지어 우리 땅에 기찻길을 놓는데 일본 군인이 지키고 있더라고요. 기찻길이 우리나라와 만주를 차지하려는 전쟁에 쓰일 거라는 것만도 기가 막힌데, 우리 자원을 외국으로 실어 나르는 데 이용될 거래요. 또 광부들이 목숨의 위협을 느끼며 광산에서 일하는데 그것도 모두 서양인을 위해서래요. 제가 만난 사람들은 모두 울 일밖에 없는 사람들이었다고요."

신 역관은 슬프지만 부드러운 눈길로 구식이를 보았다.

"그래서 예전처럼 다시 나라 문을 꽉 닫아걸고 우리끼리만 살아야 할까?"

"그건…… 그래서는 안 될 것 같아요. 기차가 달리고 이 나라에서 저 나라로 서신을 보내고 죽을 사람을 간단하게 살리는 세상인데 나라 문을 닫으면 우리만 더욱 뒤처지잖아요."

"그럼 뭐가 문제일까?"

구식이가 선뜻 대답하지 못하자 개화가 나섰다.

"우리가 너무 모르는 게 많고 힘이 없는 것 같아요. 우리가 힘이 있었으면 다른 나라에 광산 개발을 허락하지 않고 우리 힘으로 했겠지요. 또 나라끼리 맺는 외교에 대해서도 잘 알았다면 지금의 문제들은 생기지 않았거나 덜 생겼을 거예요."

"문제를 알았으니 답도 알겠구나. 그 문제들을 해결하려면 어떻게 해야 하겠느냐?"

개화와 구식이는 서로 얼굴만 마주 본 채 말이 없었다. 신 역관이 다시 천천히 입을 열었다.

"그 대답을 찾으면 '통'을 받을 것이다."

방으로 돌아온 구식이는 신문을 펼쳤다.

"이젠 통을 받느냐 마느냐가 중요한 게 아냐. 대체 우리나라는 어디로 가고 있지?"

이권을 함부로 넘기지 마라!

▲ 고종 황제의 모습 　　▲ 고종 황제가 피신한 러시아 공사관

⊙ 일본 자객들 손에 명성황후가 시해된 뒤로 고종 황제는 생명의 위협을 느껴 왔다. 결국 황제는 러시아 공사관으로 피신을 했다(1896년). 1년 후 경운궁으로 돌아온 황제는 대한제국을 선포하고 서양 문물을 적극적으로 받아들이며 나라를 지키는 데 힘썼다.

그런데 황제가 궁을 떠나 러시아 공사관에 머무르는 동안 우리나라 이권이 러시아와 다른 나라에 넘어가고 말았다. 이는 정부가 일본을 견제하기 위해 러시아를 가까이 하는 친러 정책을 펴면서 러시아 요구를 들어줄 수밖에 없었기 때문이다. 이 틈을 이용해 미국을 비롯한 서구 열강들도 삼림, 광산 등 자원을 마음대로 이용할 수 있는 권리를 달라고 주장했다.

이에 대해 백성들은 저마다 불만을 토로하고 있다. 평안도에서 농사짓는 박OO(남, 42세)는 금광 개발로 인해 피해를 보았다며 한숨짓는다.

"금광을 개발한다고 미국인들이 온통 산을 파헤치고 나무를 베어 내는 통에 근처 논밭까지 피해를 입고 있소이다. 그렇다고 광산에서 일하는 광부들의 살림살이가 나아졌느냐 하면 그것도 아니라오. 일본에 쌀을 수출한 뒤 곡물값이 뛰어 적은 품삯으로는 목구멍에 풀칠하기도 쉽지 않지요."

경상도에서 대를 이어 물고기를 잡아 생활한다는 이OO(남, 30세)도 백성들이 겪는 피해에 대해 이야기하며 답답해한다.

"나라에서 일본에게 경상도 일대에서 물고기 잡는 것을 허락한 뒤부터 우리는 날마다 불안에 떨고 있습니다. 일본인들이 해안가 인근 마을까지 들어와 닭이며 개, 돼지를 마음대로 잡아가고 심지어는 아녀자들을 농락하니 말이지요. 하는 짓이 해적과 다름없는데도 나라에서 이들을 벌줄 수 없다니 이해가 안 될 뿐입니다."

이처럼 많은 백성들이 불편과 불만을 호소하는데도 여전히 이권을 내주고 있는 까닭을 한 정부 관계자는 이렇게 설명했다.

▲ 호랑이 우리에 고기 한 점격인 한반도

"지금 우리는 바람 앞의 등불과 같은 상황이라오. 열강들이 우리나라에서 이권을 고루 취하게 하면 그것을 계속 지키기 위해서라도 어느 한 나라가 우리를 독차지할 수 없을 것이오. 따라서 그들 사이에 균형을 유지하여 나라를 지키기 위해서는 이권을 나누어 줄 수밖에 없는 상황이외다."

그러나 일각에서는 우려의 목소리도 높다. 이름을 밝히길 거부한 정부 측 한 인사는 현재 상황에 대해 다른 의견을 내놓았다.

"나라가 위태롭다는 말은 사실이외다. 그러나 열강들에게 이권을 내주어 우리를 지킨다는 건 도무지 말이 되지 않소이다. 1902년 영국과 일본이 맺은 동맹 조약을 보면, 영국은 청에서 이권을 얻고자 일본이 우리나라에서 이익을 취하도록 보장하는 약속을 했소. 이익의 균형을 유지하게 하여 나라를 지킨다는 계산은 잘못되었소."

그는 우리의 안위는 스스로 지켜야 함을 거듭 강조했다.

삼림, 광산, 수산 자원 등 이 땅에서 나는 것들은 이 땅에서 살아가는 백성들을 위해 쓰여야 마땅하다. 그런 뒤에 백성들과 힘을 모아 나라를 지켜야 함에도 불구하고 정부에서는 외국에 작은 이권을 나눠 주는 것으로 나라를 지키려 하니 이 얼마나 어리석은 일인가! 우리 정부가 존재하는 까닭에 대해 깊이 반성하기를 바라는 바이다.

절반만 찍히면
몸이 반 토막 나서 죽는다고?

"아버지, 갑순이가 아기 백일이 되었다고 떡을 해 왔어요."

신 역관은 개화가 가져다준 떡을 먹으며 모처럼 흐뭇한 미소를 지었다.

"백일 떡을 먹고서 그냥 있어서야 쓰나. 갑순이와 복동이에게 선물을 하고 싶은데 나는 몸이 불편하니 너희가 내 대신 수고를 좀 해다오. 갑순이네 식구들과 시내 구경을 다녀오너라. 미리 말해 둘 테니 손탁 호텔에 가서 서양 음식도 맛보여 주고 백일 기념사진도 찍어 주어라."

웃고 있었지만 신 역관의 얼굴이 몹시 쓸쓸해 보였다. 신 역관이 깊은 한숨을 내쉬며 혼잣말로 중얼거렸다.

"이런 거라도 맘껏 해 줄 수 있는 날조차 이제 얼마 남지 않았으니……."

방에서 나온 뒤 구식이가 개화에게 물었다.

"아저씨 얼굴이 안 좋은데, 많이 편찮으셔?"

"기분이 안 좋아서 그러실 거야. 너무 걱정하지 마."

어쩐지 늘 씩씩하던 개화의 목소리에도 힘이 없었다. 구식이가 무슨 일이냐고 물으려 하자 개화가 활짝 웃으며 말했다.

"오늘만이라도 즐거운 생각만 하자! 갑순이랑 복동이가 걱정하게 하고 싶지 않으니까."

거리로 나서자 갑순이는 연신 믿을 수 없다는 듯 되물었다.

"세상에! 마님이 정말로 저희를 손탁 호텔에 데려가라고 하셨어요?"

복동이와 나란히 걸으며 길을 둘러보던 구식이는 신기해하며 말했다.

"복동아, 나 이제 한성 사람 다 되었나 봐. 손탁 호텔은 처음 가는 곳인데도 이 길이 꼭 전에 와 본 것처럼 굉장히 익숙하지 뭐야."

"쯧쯧, 황귀비 마마와 시난돈 부인께 꿀을 갖다드릴 때 지난 길이잖아요. 그땐 말씀 드리지 않았지만 손탁 호텔이 이화 학당 옆에 있거든요."

"어쩐지! 근데 그때랑 다르게 길에 일본 사람들이 많이 지나다니는 것 같네. 못 보던 상점도 생긴 것 같고."

"세상이 변하고 있잖아요."

복동이의 목소리가 쓸쓸했다.

그와 대조적으로 길을 걷는 일본인들의 발걸음은 몹시 활기찼다. 개화와 갑순이는 전에 본 적 없는 상점 앞에서 구경하고 있었다. 운종가에 있는 시전과 달리 일본인이 운영하는 상점은 큰 유리창을 통해 밖에서 안을 들여다 볼 수 있게 되어 있었다. 개화가 유리창 안쪽에 놓인 물건을 손가락으로 가리키며 말했다.

"성냥은 본 적 있지? 나뭇가지 끝에 붉게 칠해진 곳에 불이 붙잖아."

"마님 방 치울 때 봤어요. 저번에 아궁이에 불 꺼트렸을 때 마님이 성냥으로 간단하게 불을 일으키시더라고요. 부싯돌보다 훨씬 편하던데요?"

때마침 상점의 문이 열리며 기모노를 곱게 차려입은 일본인 부인이 성냥을 사서 나오고 있었다. 개화와 갑순의 시선이 상점 안 성냥에서 일본인 부인에게로 옮겨 갔다. 일본인 부인은 상점을 구경하는 개화와 갑순이를 이곳과 어울리지 않는다는 듯 의아하게 쳐다보곤 지나갔다.

"우리 은실이가 사는 세상이 어찌 되려고 일본 사람들이 저리 당당하게 다니는지, 원! 여기가 자기네 나라라도 되는 줄 아나?"

갑순이 등에 업힌 아기를 보며 개화가 말했다.

그러는 사이 구식이와 복동이는 맞은편에서 걷고 있는 일본 군인을 보고 있었다. 군인들은 허리에 찬 긴 칼이 몹시 자랑스럽다는 듯 가슴을 쫙 펴고 길 한가운데로 뚜벅뚜벅 걸어갔다. 구식이는 문득 운산 가는 길에 만났던 일본 군인들이 떠올라 얼굴이 일그러졌다.

"대체 왜 우리나라 거리를 일본 군인들이 활개치고 다니는 거야? 긴 칼까지 차고 말이야. 저렇게 다니니까 아이들이 무서워하잖아."

구식이 말처럼 건너편에서 장난치며 놀던 아이들이 일본 군인을 발견하고는 주춤주춤 일어나 어딘가로 사라지기 시작했다. 걸음이 느려 미처 쫓아가지 못한 아이 하나가 겁에 질려 울음을 터뜨리고 말았다. 일본 군인은 그 상황이 즐거운 듯 걸음을 멈추고 아이를 돌아보았다. 그러다가 아이를 뚫어져라 보면서 천천히 칼집으로 손을 가져갔다.

"저, 저런! 어린애한테 무슨 짓이냐!"

구식이가 소리치며 길 건너로 성큼성큼 걸어갔다. 복동이도 재빨리 구식이의 뒤를 쫓았다. 눈이 마주치자 복동이는 금세 험상궂은 표정을 지으며 일본 군인을 노려보았다. 궂은 일로 다져져 덩치 좋은 복동이를 본 일본 군인이 갑자기 호쾌하게 웃었다.

"장난이었소, 장난! 조선인들은 장난도 모르는가? 하하하!"

일본 군인들은 아무 일도 없다는 듯 가던 길을 재촉했다. 구식이가 분통을 터트렸다.

"어린애를 위협하고는 장난이었다고? 말이 되는 소리를 해야지! 생각해 보니까 근래에 일본인들이 많아진 것 같아. 일본 상점도 많아지고, 한성에 사는 일본인도 늘어난 것 같고, 긴 칼을 차고 길거리를 마음대로 다니는 일본 군인이며 대체 세상이 어떻게 바뀌고 있지?"

"전쟁에서 이겼다는 거겠지요."

복동이가 한숨을 내쉬며 말했다.

"전쟁? 아라사와 치른 전쟁 말이야?"

"예. 우리나라를 두고 아라사와 일본이 서로 전쟁을 벌였는데 거기에서 일본이 이겼잖아요. 그 전엔 청나라와의 전쟁에서도 일본이 이겼대요. 이제 자기네 입맛에 맞게 우리를 움직여도 아무도 간섭할 나라가 없으니 날개를 단 듯 신이 날 수밖에요. 한성에 일본인이 많아진 것도 다 그 탓 아니겠어요?"

"일본의 행동에 간섭할 나라가 없어졌다? 그래서 아저씨가 요새 통 기운이 없으셨구나. 아라사와 멀어졌으니 역관으로 궁에 드나드실 일도 없어졌을 테니까 말이야."

구식이가 자못 심각해졌다.

"거참! 우리 마님을 몰라도 너무 모르시네! 우리 마님은 아라사 말뿐 아니라 청나라 말, 일본 말까지 다 하시는 분이라고요. 그깟 아라사 말을 통역할 수 없게 되었다고 어깨가 축 처지실 분이 아니란 말이에요."

복동이가 큰 소리를 내는 바람에 앞에 가던 개화와 갑순이가 뒤를 돌아보았다. 구식이는 별일 아니니 계속 가라고 손짓했다.

"그건 나도 알지. 하지만 이상하잖아. 아라사가 전쟁에 졌다고 해도 역관 직책을 잃는 것도 아닌데 왜 그렇게 아픈 사람처럼 기운이 없으신 거냐고?"

"그야 우리나라가 바람 앞의 등불처럼……."

구식이의 질문에 복동이가 대답하려는 사이 2층으로 된 서양식 건물 앞에서 개화가 두 사람을 불렀다.

"빨리 와!"

"와! 밖에서 봤을 때는 몰랐는데 안이 이렇게 크고 좋았네요. 여기가 나그네가 밥도 먹고 잠도 잘 수 있는 서양식 주막이라면서요? 주막치고는 겁나게 크고 으리으리한 거 아닌가요?"

복동이도 놀란 입을 다물지 못했다. 갑순이와 복동이, 구식이는 개화를 따라 테이블에 놓인 의자에 앉았다. 그때 손탁 부인이 다가와 능숙한 우리말로 말했다.

"어서 오세요. 아버지께 말씀 들었어요. 뭘 좋아하실지 몰라서 과자와 케이크, 커피를 준비했는데 드셔 보세요."

테이블 위에 음식이 차려지자 다들 눈이 휘둥그레졌다.

"케이키인가 하는 게 서양 떡이라면서요? 정말 신기하네요."

"아이고, 뜨거워라. 혓바닥 다 데었네. 쓰기는 또 왜 이리 쓰대요?"

갑순이가 케이크를 보고 놀라는 사이 커피를 맛본 복동이가 인상을 쓰며 잔을 내려놓았다.

"이 까만 물이 황제께서도 즐겨 마신다는 가비(커피)야?"

구식이가 코끝으로 커피를 들여다보았다.

"응. 향이 좋지? 황제께 가비를 처음 맛보게 하신 분이 바로 손탁 부인이야. 색깔이 꼭 탕약처럼 생겼다고 해서 양탕국이라고도 불렸대. 케이크는 이렇게 먹으면 돼."

개화는 포크를 들어 케이크를 조금 잘라 먹었다.

"서양 사람들은 참 이상하기도 하지. 밥 먹는 자리에 칼을 올려놓지 않나, 농사일에나 쓰는 쇠스랑으로 음식을 먹지 않나? 이런 걸로 먹으면 입술이 찢어지지 않나 봐?"

구식이가 포크와 나이프를 양손에 나눠 들고 중얼거렸다. 다른 테이블에 있는 사람들은 거리낌 없이 포크와 나이프를 이용해 식사를 하고 있었다. 능숙하게 서양식 식사를 하는 사람들을 보자 구식이는 슬쩍 불편해졌다.

"빨리 먹고 나가자."

"좀 불편하지? 원래 손탁 호텔은 우리나라에 온 서양 사람들을 위해 만들어진 거야. 우리 방식에 서툰 서양인들에게 잠자리와 음식을 대접하려고 말이지. 그러다 보니 높은 자리에 있는 사람들이 주로 드나들어서 우리 같은 일반 백성들은 구경하기 힘들어. 요즘에는 일본인들도 제법 많이 드나드는 것 같더만."

"그런데 아저씨는 어떻게 우리가 여기 올 수 있게 하셨어?"

"아까 왔던 손탁 부인과 친하거든. 아마 특별히 부탁하신 것 같아."

개화는 신 역관의 말이 떠올라 마음이 좋지 않았다.

'이런 거라도 맘껏 해 줄 수 있는 날조차 얼마 남지 않았다니…… 무슨 생각으로 그런 말씀을 하신 거지? 역관에서 물러나서 손탁 호텔에 더는 올 일이 없기 때문에 그러셨을까? 아라사가 전쟁에서 진 다음부터는 드시는 것도 예전만 못하고 말씀도 없으시고. 나라에 정말 무슨 일이 일어나고 있나?'

"아가씨! 무슨 걱정 있어요? 표정이 왜 그리 어둡대요?"

눈치 빠른 갑순이가 개화를 보며 물었다.

"아니! 내가 무슨 걱정이 있겠어. 이제 사진 찍으러 가 볼까?"

개화가 씩씩하게 앞장섰다.

그때 구식이가 갑자기 뒤로 처지며 배를 움켜쥐었다.

"저, 저기 말이야. 나는……."

"단단히 탈이 나셨나 본데 병원이라도 가야 할까 봐요."

병원이라는 복동의 말에 구식이는 가슴이 뜨끔했다. 사진 찍기 싫어 꾀병을 부린 건데 자칫 잘못했다가는 사진보다 열 배는 무서운 병원을 가게 생겼으니 말이다. 그러나 구식이의 꾀를 눈치챈 개화가 등을 떠밀며 말했다.

"촬영국 한 번 가는 게 뭐가 어렵다고 이렇게 비싸게 굴어? 갑순이랑 복동이한테 좋은 날이니까 꾀부리지 말고 어서 가!"

하는 수 없이 구식이는 무거운 발걸음을 터덜터덜 옮겨야 했다. 촬영국에는 먼저 온 사람들이 사진을 찍고 있었다. 대기실에 있는 동안에도 구식이는 이리저리 왔다갔다 안절부절못했다.

"움직이지 마십시오. 찍겠습니다. 하나, 둘, 셋!"

찰칵 소리와 함께 번쩍이는 빛이 대기실까지 비쳤다.

"어이쿠!"

구식이가 소스라치게 놀라자 개화가 물었다.

"설마 사진 찍는 게 무서워서 그래?"

"그게, 그러니까⋯⋯ 사진 찍는 게 뭐가 무섭겠어? 그 다음이 문제지."

"사진 찍은 다음이 뭐가 문제인데?"

개화의 말에 갑순이가 냉큼 대답했다.

"저는 뭔지 감이 오네요. 불만 한 번 번쩍했는데 사람이랑 똑같은 모습으로 나오는 게 의심스럽다면서 사진 재료가 사람 뼈를 갈았다는 말이 있었거든요. 그래서 도련님도 겁나는 거죠?"

"말도 안 되는 소리!"

개화가 코웃음을 치는 동안에도 구식이의 표정은 심각하기만 했다.

그때 대기실로 나온 사진사가 덤덤하게 말했다.

"어린아이의 살과 뼈가 재료라지요? 절반만 찍히면 몸이 반 토막 나서 죽는다고는 하지 않던가요?"

구식이는 헛기침을 하며 대답을 피했다.

"저희 이야기 들으셨어요? 실은 이 친구가 한성에 온 지 얼마 안 된 데다 사진을 처음 찍어서 잘 모르고 한 말이니 너무 언짢아 하지 마세요."

개화가 대신 사과하자 사진사는 손사래를 치며 웃었다.

"한두 번 들은 말이 아니라 괜찮습니다. 몇 해 전까지만 해도 한성에도 그런 말을 믿은 사람들이 많았으니까 지방에서 오신 도련님이라면 그렇게 생각하는 것도 무리는 아니지요. 아기가 자는군요. 한숨 자고 나면 사진 찍기가 한결 수월하니 그 틈에 사진에 대한 이야기나 좀 해 드릴까요?"

사진사는 구식이 앞에 자리를 잡고 앉더니 이야기를 시작했다.

"우리나라에 촬영국이 처음 생긴 건 갑신정변이 일어나기 한 해 전쯤이었습니다. 저처럼 촬영국을 세운 사람들한테는 두 가지 공통점이 있었는데, 일본이나 청에서 사진술을 배웠다는 것과 원래부터 그림을 그렸다는 겁니다. 제가 사진에 관심을 갖게 된 것도 그림 때문이었습니다. 아무리 똑같이 그리려고 해도 사진만큼 실물과 똑같지는 않았거든요."

사진사는 초상화 한 장과 사진 한 장을 내밀었다. 사진 속의 사람이 조금 더 나이가 들어 보이기는 했지만 좀 더 실제 같은 느낌이 들었다.

"제 아버지입니다. 우리나라에서는 원래 초상화를 그려서 조상의 얼굴을 남깁니다. 터럭 하나까지도 똑같지 않으면 그 사람이 아니라고 생각하던 게 초상화를 보는 일반적인 생각이었는데, 사진이야말로 순식간에 터럭 하나까지도 똑같이 찍어 내지 않겠습니까?"

"제 말이 바로 그겁니다. 어린아이의 살과 뼈를 재료로 쓰지 않으면 어떻게 그렇게 신기한 일이 있을 수가 있겠느냐고…… 사람들이 그러더라고요."

답답해하던 구식이가 참견을 하다가 사진사와 눈이 마주치자 슬그머니 말을 돌렸다. 사진사가 이해한다는 듯 고개를 끄덕였다.

"이전까지 없던 새로운 문물을 받아들이기가 그리 쉽겠습니까? 그래서 이런저런 소문이 돈 것은 알겠습니다만 문제는 갑신정변 때 일어났습니다. 개화파와 일본에 화가 난 사람들이 새로 들어온 것들을 다 부숴 버렸거든요. 우정국은 말할 것도 없고, 가뜩이나 이상한 소문 때문에 미움 받고 있던 촬영국도 사람들의 분풀이 대상이 되었습니다."

"그런데 지금은 멀쩡하잖아요?"

갑순이가 물었다.

"그럴 수밖에 없지요. 단발령으로 사람들한테 사진이 정말 필요하게 되었어요."

"단발령과 사진이 무슨 상관인데요?"

이번에는 복동이가 물었다.

"상투를 자르느니 목을 자르겠다는 사람도 있었지만, 단발령 때문에 대부분은 언제 상투를 잘릴지 모르는 불안한 마음을 갖고 살게 되었어요. 그러자 사람들은 너도나도 상투가 잘리기 전의 모습을 남겨야겠다는 생각을 한 겁니다. 하지만 초상화는 시간도 많이 걸릴 뿐더러 실물과 똑같이 그릴 수 있는 사람을 찾기도 쉽지 않았고, 그런 사람을 찾았다 해도 이미 높으신 분들의 초상화를 그리는 중이었지요. 그래서 돈이 있는 사람들은 짧은 시간에 자신의 모습을 남길 수 있는 사진을 찾게 되었습니다."

"어휴, 그래도 저희 같은 사람은 여전히 사진 찍기가 쉽지 않아요. 아가씨와 어르신께서 도와주시지 않았으면 언감생심 생각이나 했겠어요?"

"하하. 아기가 깼으니 이제 찍어도 되겠습니다."

복동이와 갑순이가 아기를 안고 의자에 앉자 사진사가 옷매무새며 얼굴을 이리저리 만져 주었다. 복동이와 갑순이는 호되게 야단맞은 사람처럼 무뚝뚝한 얼굴로 사진기를 노려보았다. 찰칵하는 경쾌한 소리와 함께 번개 같은 빛이 번쩍이자 눈앞이 침침해졌다.

"우리도 찍자."

구식이가 눈을 비비고 있는데 개화가 구식이를 끌고 복동이와 갑순이 뒤에 섰다. 겁쟁이란 소리는 듣기 싫어 사진기 앞에 섰지만 구식이는 저도 모르게 외쳤다.

"자, 잠깐! 반드시 몸 전체가 나오게 찍어 주셔야 합니다."

"알겠습니다. 여기 보시고 움직이지 마세요! 하나, 둘, 셋!"

찰칵!

구식이는 번개처럼 불이 번쩍이는 순간 두 눈을 질끈 감고 말았다.

저녁 무렵 모두 둘러앉아 낮에 있던 일을 이야기했다.

"허허, 그래서 구식이 때문에 머리부터 발끝까지 나오는 사진을 찍었다고?"

신 역관은 이야기를 듣자 껄껄 웃었다. 오래간만에 웃는 신 역관의 모습에 개화가 더욱 신이 나서 구식이를 놀렸다.

"네. 사진을 반만 찍으면 몸이 반 토막 나서 죽는다는 말을 철석같이 믿고 있더라고요. 벌벌 떠는데 어쩌겠어요."

"내일 아침에 갑순이와 복동이가 별일 없으면 네 생각이 틀렸다는 걸 알게 되겠구나."

신 역관의 말에 구식이가 뒤통수를 긁적였다.

"저도 이치에 맞지 않는 말이라는 것쯤은 알고요. 하지만 아는 것과 행동하는 건 다르더라고요."

"아는 것과 행동하는 건 다르다! 갑신정변 때 촬영국을 부순 사람들도 아마 촬영국에는 잘못이 없음을 알고 있었을 것이다. 촬영국을 두고 떠돌던 소문이 사실이 아니었음도 알았겠지."

"그런데 왜 촬영국을 부쉈을까요?"

"절실함! 그때는 사진이 절실하게 필요하지 않았던 거다. 필요하기는커녕 오히려 낯선 문물에 대한 불안을 없애야 한다고 생각했겠지. 그러다 단발령으로 사진이 절실해졌고 그로 인해 흉한 소문도 잦아들게 된 거다. 사람의 마음을 움직이는 건 절실함이다. 너는 오늘 절실하지 않았기에 사진 찍기가 여전히 두려웠던 게 아니겠느냐?"

신 역관의 말을 가만히 듣고 있던 구식이가 빙그레 웃었다.

"절실함이 없었기에 이번 시험도 불통이지요? 그래도 괜찮아요. 저 때문에 오늘은 아저씨가 활짝 웃었으니까요."

방으로 돌아온 구식이는 진지한 얼굴로 신문을 펼쳐 들었다.

신문물에 감탄하는 사이,
이 나라는 어디로 가는가?

▲ 강물 위로 기차가 달릴 수 있는 시대!

⊙ 1900년 11월 12일 이후로 한강에서 빨래하던 아낙들은 종종 놀란다. 우레와 같은 소리를 내며 강 위를 달리는 기차 때문이다. 송OO(47, 여)는 "처음 기차 소리를 들었을 때 엉덩이가 젖는 줄도 모르고 그 자리에 주저앉고 말았어요. 까만 쇳덩어리가 어찌나 빨리 달리던지. 그뿐인가요? 강물 위에 쇠로 다리를 놓다니! 신문물이 들어오고 나서는 별천지가 따로 없더이다." 하였다.

또 신문물 중에서 가장 신기하고 좋았던 것을 묻자 두말할 것 없이 '활동사진'이라 꼽는다. 동대문 근처에 있는 전기 회사 기계창 안에 마련된 활동사진은 일요일과 비 오는 날을 제외하고 저녁 8시에서 10시까지 입장료 10전만 내면 볼 수 있다. 주막에서 한 상 시켜 먹는 금액이 6전이니 신기한 구경을 하는 비용으로 과하지는 않지만 그마저도 담뱃갑 열 장만 준비해 가면 공짜다.

전기 회사 주인인 미국인 콜브란은 "활동사진이란 사진이 나와 노는 것으로, 여러 나라의 도시와 대한제국의 훌륭한 경치 사진이 구비되어 있어 기대해도 좋습니다." 하고 굉장한 구경을 우리에게 공짜로 보여 주는 듯하였으나 그가 담배 장사도 겸하고

▲ 활동사진기

▲ 신문물로 돈을 버는 콜브란

있음은 눈여겨 볼 일이다.

한편 활동사진을 돌리는 사진기사는 "원래 활동사진에는 음악과 장면을 설명하는 사람이 있어 보는 재미가 크다 합니다. 헌데 지금 우리는 그들이 버린 활동사진의 한 토막을 보고 있으니 재미가 있을 턱이 있겠습니까. 그저 신문물이라 신기해할 따름이지요."라고 말하며 탄식하였다.

성냥으로 쉽고 간단하게 불을 일으키고 움직이는 사진을 볼 수 있고 기차가 강 위를 달리는 세상은 편리하고 놀랍기 그지없다. 그러나 잠깐의 놀라움과 편리함을 위하여 가난한 백성들의 주머니에서는 얼마의 돈이 빠져나가고 있단 말인가. 또한 백성의 논밭을 빼앗아 달리는 기차는 누구를 위하여 어디로 향해 가는가?

청일 전쟁에 이어 아라사와 벌인 전쟁에서도 승리한 일본은 짐작컨대 세계로 뻗어나가고자 대한제국을 발판으로 삼고 있다. 우리나라에 들어오는 일본인이 눈에 띄게 늘고 있는 것만으로도 알 수 있는 일이다.

변화하는 세계에 발맞춰 신문물을 받아들이는 일은 당연한 추세이나 그것이 백성들의 피눈물을 기반으로 해서는 안 될 일이다. 또한 청에 이어 아라사마저 꺾은 일본이 우리나라를 제 나라인 양 여기며 함부로 구는 태도야말로 경계하고 또 경계할 일이로다.

▲ 한반도를 노리는 일본의 행태

앉아서
구만리를 내다보다

"도련님, 이 방에서 빨래를 개도 될까요? 아가씨가 학당에 가셔서 아궁이에 불을 덜 땠더니 그 방은 추워서 아기가 감기 걸릴까 봐 그래요."

"어서 들어와!"

구식이는 신문 더미를 한쪽으로 치워 아기가 놀 수 있는 공간을 마련해 주었다. 갑순이는 아기를 먼저 방에 들인 뒤 마른 빨래를 한가득 안고 들어왔다.

신 역관의 집에서 멀지 않은 곳에 집을 얻은 갑순이는 복동이가 일을 마치고 돌아오는 저녁 전까지는 청소며 설거지, 빨래 등 여전히 신 역관네 일을 봐주며 머물고 있었다. 조용히 신문을 보던 구식이가 갑자기 훈장님이나 된 듯 점잖은 말투로 입을 열었다.

"갑순아, 앞으로는 아기를 만질 때 손을 깨끗이 씻어야겠다."

"도련님도 참, 뜬금없이 무슨 말씀이에요?"

갑순이는 구식이가 들고 있는 신문을 흘낏 보면서 웃었다. 그러자 구식이가 기다렸다는 듯 신문을 펴서 갑순이 앞에 내밀었다.

"이것 봐. 잘 씻으면 전염병을 미리 막을 수 있대."

"신문에 그런 게 다 나와요?"

"그럼. 그뿐만이 아니야. 날아다니는 파리가 몸에 그리도 안 좋다는구나. 그래서 어느 관청에서는 파리를 잡아 오면 돈을 주고 사기도 한대."

구식이의 말에 갑순이가 깔깔거리고 웃더니 살짝 눈을 흘겼다.

"도련님, 그런 거짓말에 내가 속을 것 같아요?"

"정말이야! 전에 신문에서 본 적 있다니까. 백성들이 파리를 잡아서 가져오면 돈을 주고 산 다음 태워서 없앤다는 거야. 그 신문이 아직 어디에 있을지도 몰라. 찾아서 보여 줄까?"

구식이는 당장이라도 신문을 찾으려 했다. 그제야 갑순이는 믿어 주겠다며 구식이를 말렸다. 갑순이가 진심으로 믿는 것 같지 않아 언짢아진 구식이는 소리가 나게 신문을 펼쳤다.

"도련님은 신문이 재미있나 봐요? 난 깨알 같은 글씨만 봐도 머리가 아프던데."

"나도 처음엔 그랬는데 지금은 괜찮아졌어. 신기한 건 신문을 보고 있으면 세상 사람들이 어떻게 사는지 한눈에 알 수 있다니까! 꼭 앉아서 구만리를 내다보는 것 같아."

그때 대문이 부서질 것처럼 큰 소리를 내며 열리더니 개화가 뛰어 들어왔다.

"아버지, 아버지!"

"쯧쯧, 학당을 마쳤으면 곱게 들어올 일이지. 그렇게 해서 대문이 부서지겠냐? 부술 생각이었다면 더 뻥 차야지."

"넌 지금 한가하게 그런 소리가 나오니?"

농담을 했을 뿐인데 개화가 버럭 화를 내며 신 역관의 방으로 들어가 버렸다. 전에 없던 일이었다. 당황한 구식이는 고개를 갸웃거리며 개화가 들어간 방을 멀뚱멀뚱 바라보았다.

"학당에서 야단을 맞았나?"

잠시 뒤, 방 안에서 개화의 울음소리가 들렸다. 무슨 일인지 궁금해진 구식이는 쭈뼛쭈뼛 방으로 들어갔다.

"무슨 일이기에……."

"구식이도 앉아라."

신 역관의 목소리가 무거웠다. 소리를 죽인 개화의 울음소리가 구슬프게 들려왔다. 개화 앞에는 《황성신문》이 놓여 있었다.

시일야방성대곡!

신문에 쓰인 글씨가 눈에 들어왔다.

"구식아, 나라에 큰 위기가 닥쳤다."

신 역관의 눈도 붉게 물들어 있었다.

구식이는 아무래도 신문에 쓰인 '시일야방성대곡'이 마음에 걸렸다.

'시일야방성대곡! 오늘 목 놓아 통곡한다고?'

구식이는 신문을 집어서 눈으로 읽어 내려갔다.

저 개돼지만도 못한 소위 우리 정부의 대신이란 자들이 영달과 이득을 바라면서 위협에 겁먹어 머뭇대거나 벌벌 떨며 나라를 팔아먹는 도적이 되기를 감수했던 것이다. 4천 년의 강토와 5백 년의 사직을 남에게 들어 바치고 2천만 생령들로 하여금 남의 노예가 되게 하였으니, 저 개돼지만도 못한 외부대신 박제순과 각 대신들이야 깊이 꾸짖을 것도 없을 뿐더러 명색이 참정대신이란 자는 정부의 우두머리임에도 단지 부(否)자로써 책임을 면하고자 하였단 말인가?

김상헌처럼 통곡하며 문서를 찢지도 못했고, 정온처럼 배를 가르지도 못해 그저 살아남고자 했으니 무슨 면목으로 강경하신 황제 폐하를 대하며 무슨 면목으로 2천만 동포를 대하겠는가.

아! 원통하고 분하도다. 우리 2천만 노예가 된 동포여! 살았는가, 죽었는가? 단군 기자 이래 4천 년 국민정신이 하룻밤 사이에 홀연 망하고 말 것인가. 아! 원통하고 원통하도다. 동포여! 동포여!

"이, 이게 무슨 말입니까?"

신문을 든 구식이의 손이 부들부들 떨고 있었다. 목이 멘 소리로 개화가 대신 대답했다.

"일본이…… 우리의 외교권을 빼앗아 갔대. 앞으로 우리는 일본의 허락 없이는 다른 나라와 아무런 일도 할 수가 없게 되었어."

"말도 안 돼! 황제께서 그런 것을 허락하실 리가 없잖아!"

"황제께서는 끝까지 도장을 찍지 않으셨어. 다섯 명의 대신이 일본의 보호국이 되겠다는 문서에 찬성했지. 앞으로 일본은 이 문서를 바탕으로 우리를 식민지로 삼으려 할 거래. 아버지, 이대로 보고만 계실 거예요? 이렇게 손 놓고 있다가는 두 눈 시퍼렇게 뜨고 나라를 빼앗기게 된다고요! 흑흑!"

개화가 또다시 울음을 터트렸다.

신 역관이 대답 없이 손으로 머리를 감싸자 개화는 더 묻지 않고 기운 없이 방을 나갔다.

"이것 때문이었군요? 그동안 아저씨가 기운 없었던 이유가. 아라사라도 버티고 있으면 일본이 함부로 나설 수 없었는데, 아라사가 전쟁에서 졌기 때문에 이제 일본을 막을 수 있는 건 아무것도 없게 되어서. 우리나라가 일본 손아귀에 들어가게 될까 봐! 이걸 걱정하신 거였어요!"

구식이는 전에 손탁 호텔에 가면서 복동이에게 미처 듣지 못한 말이 무엇이었는지 비로소 알 것 같았다. 눈물이 뺨을 타고 흐르는 줄도 모르는 채 주먹을 꽉 움켜쥐었다.

무거운 마음으로 방에 돌아온 구식이는 다시 신문을 펼쳐보았다. 장지연의 글 아래에는 조약이 어떻게 강제로 체결되었는지 설명되어 있었다.

일본은 우리나라를 집어삼키기 위해 대신들을 협박하고 두려움에 떨게 했다. 그 와중에 참정대신이었던 한규설은 죽음의 위협을 무릅쓰고 끝까지 반대하여 결국 참정대신에서 물러나야 했으나 그 역시 비판의 칼날은 피해 갈 수 없었다. 문서에 찬성하여 자신들의 안전은 물론이고 일본 아래에서 부와 권력을 보장받은 학부대신 이완용, 군부대신 이근택, 내부대신 이지용, 외부대신 박제순, 농상공부대신 권중현은 나라를 팔아먹은 도적이자 매국노라 하여 을사오적으로 불리게 되었다.

구식이는 두 손으로 머리를 감쌌다.

"어휴, 나라가 위기에 처한 줄도 모르고!"

며칠째 집에는 무거운 기운이 내려앉았다. 종달새처럼 떠들던 개화도 입을 다물고, 신 역관도 방에만 틀어박혀 있던 터라 집안 분위기는 한없이 가라앉았다.

신문에서는 시시각각 변하는 나라의 상황을 전했다. 조약 체결을 폐기하라는 상소가 줄을 이었고, 나라를 팔아먹은 다섯 명의 도적을 찍어 버리겠다며 궁궐 앞에서 도끼를 메고 황제의 명을 기다리는 신하도 있었다.

날마다 갑갑한 소식만 전해지는 어느 날 개화가 방에만 있는 구식이를 찾아왔다.

"뭐 해?"

"학생들도 모두 자진 휴학을 했다더니 학당에 안 갔나 보구나?"

"응. 답답한데 오랜만에 같이 운종가나 가 볼래?"

"가 봤자 볼 것도 없을 텐데, 뭘. 운종가 상인들도 장사 안 해. 강제 조약 무효와 매국노를 처벌하라고 외치는 중이거든."

구식이가 신문을 가리켰다. 신문에서 읽었다는 뜻이었다. 잠시 생각하던 구식이가 제안했다.

"그러지 말고 경운궁에 다녀오자. 황제께서 어떻게 하고 계신지, 사람들은 어떤 생각인지 알 수 있을지도 몰라."

경운궁 앞에는 평양에서 왔다는 청년 다섯 명이 꿇어앉아 있었다.

"황제 폐하, 강제로 맺은 조약은 무효입니다. 나라를 팔아먹은 매국노를 처벌하소서!"

"처벌하소서!"

그때 어디선가 일본 군인이 나타나더니 청년들을 강제로 끌고 갔다.

"조약은 무효입니다!"

"닥쳐라!"

"매국노를 처벌하소, 윽!"

청년들이 저항하자 일본군은 칼로 등을 내리치고는 입을 수건으로 틀어막았다.

"때리지 마라!"

"풀어 주어라!"

지켜보던 사람들이 한 마음으로 일본군에게 소리쳤다. 개화와 구식이도 사람들과 함께 풀어 주라 소리쳤다. 일본군이 총칼을 휘두르자 기왓장과 돌멩이를 던지는 사람도 있었다.

"신문이란 게 정말 대단한 것 같아. 따로 설명하지 않아도 사람들의 마음을 하나로 모아 주니까 말이야. 이렇게 많은 사람들이 한뜻으로 외치면 일본도 물러가지 않을까?"

구식이가 희망에 찬 목소리로 말했다.

그러나 일본군은 보란 듯이 소리치는 몇몇을 끌고 갔다. 두 사람과도 눈이

마주쳤으나 어린애들임을 확인하고는 무섭게 눈을 부라리기만 했다. 구식이와 개화는 어깨가 축 처진 채 집으로 돌아왔다.

"이 많은 사람들이 잘못된 조약이라 외치는데 아무것도 달라지지 않을 건가 봐."

"실망하긴 일러. 무기도 없는 사람들에게 총칼을 휘두르는 걸 너도 봤잖아. 그만큼 일본도 당당하지 못하다는 뜻이지. 두고 봐! 옳은 목소리는 반드시 이기게 되어 있으니까!"

개화는 주먹을 꼭 쥐어 보였다.

그러나 신문에서는 날마다 기운 빠지는 소식이 끊이지 않고 전해졌다. 시종무관장 민영환이 유서를 남긴 채 자결을 하였다. 민영환의 기사를 본 신 역관은 큰 소리로 울부짖었다.

"나라의 기둥이 쓰러지고 큰 별이 떨어졌으니 이 나라를 어쩐단 말인가!"

민영환의 자결 이후 조병세, 홍만식, 이상철 등 많은 사람들이 그 뒤를 따랐다. 개화는 혹시 모를 일에 대비하기 위해 신 역관 방 앞을 떠나지 않았다. 그러는 동안에도 양반과 평민을 가리지 않고 일본에 대항하고자 곳곳에서 의병이 일어나고 있었다.

며칠째 방에서 신문만 읽던 구식이는 붓을 꺼내 먹물을 적셨다.

이완용 박제순 이지용 이근택 권중현

나라를 팔아먹은 매국노 다섯 명의 이름을 적은 뒤 구식이는 무언가 결심이 선 얼굴로 자리에서 일어섰다.

"구식아, 아버지가 찾으셔!"

안에서 대답이 없자 개화는 구식이의 방문을 열어 보았다.

텅 빈 방 안에는 며칠 동안 본 신문들이 차곡차곡 쌓여 있었고, 책상 위에는 을사오적의 이름이 반듯하게 적혀 있었다. 개화는 가슴이 철렁 내려앉았다. 나라를 걱정하는 사람들이 하루가 멀다고 자결을 하던 때였다. 개화는 구식이가 뭔가 큰일을 낸 게 틀림없다고 생각했다.

"아버지! 아버지!"

개화에게 이야기를 전해 들은 신 역관은 자리에서 벌떡 일어섰다.

"나라를 걱정하는 마음이야 어리다고 적겠느냐마는, 지금은 한 목숨이라도 더 보존해야 할 때다. 네 앞에는 네 아버지가 이루지 못한 큰 뜻이 남아 있는 것을!"

신 역관은 간절한 마음으로 구식이의 안전을 빌며 대문을 박차고 나갔다. 개화도 초조한 얼굴을 감추지 못하고 신 역관의 뒤를 따랐다.

때마침 골목 어귀에서 낯익은 얼굴이 걸어오고 있었다. 구식이가 틀림없었지만 어딘지 구식이 같지 않고 어색했다. 개화와 눈이 마주친 구식이가 한 손을 들어 보이며 멋쩍게 웃었다.

"아버지, 저기를 보세요."

개화가 신 역관의 옷자락을 붙잡으며 구식이를 가리켰다.

"구식아! 무사했구나!"

신 역관이 성큼성큼 달려가더니 구식이를 덥석 안았다. 손으로 머리를 쓰다듬던 신 역관은 어딘지 허전한 생각이 들어 구식이를 빤히 바라보았다.

"헤헤!"

구식이는 짧게 자른 머리를 손으로 흐트러뜨리며 쑥스러워했다. 혼자 몰래 나간 구식이가 그새 댕기머리를 자르고 온 것이었다. 개화가 안도의 한숨을 내쉬며 말했다.

"말도 안 하고 나가면 어떡해?"

"어린애인가? 나도 이제 한성 길은 다 안다고."

방으로 들어간 구식이가 갑자기 신 역관에게 큰절을 올렸다.

"새삼스럽게 웬 절이냐?"

"아저씨, 공부를 해야겠어요. 《논어》나 《맹자》는 충분히 보았으니 이제부터는 신학문을 배우고 싶어요."

"신학문이라…… 신학문을 해서 무엇을 할 것이냐."

신 역관이 물었다.

"고향에 있을 때 저는 문호를 개방하면 나라가 망한다고 생각했어요. 그러나 버젓이 눈뜨고 앉아서 나라를 빼앗기게 된 지금 이 상황은 새로운 것에 눈 감고 귀 닫은 저 같은 사람들 때문인 것 같아요."

"그게 어디 옛것을 지키고자 하는 이들의 잘못이겠느냐? 옛것은 옛것대로 또 다른 가치가 있느니라. 다만 혼란한 상황 속에서 반강제로 나라의 문을 열고, 남의 나라 간섭을 받으며 등 떠밀리듯 신문물을 받아들인 게 문제라면 문제겠지."

따뜻한 신 역관의 말에 구식이는 목이 메었다.

잠시 마음을 추스른 구식이가 굳은 목소리로 말했다.

"그래서 결심했습니다. 나라를 살릴 수만 있다면 이제라도 부지런히 신학문을 배우고 싶어요. 저도 아저씨 따라 내 나라 사람들이 모두 웃는 그날을 만들고야 말겠어요."

흐뭇한 얼굴로 구식이를 보던 신 역관이 책상 서랍에서 낡은 서신 한 장을 꺼내 구식이 앞으로 밀었다.

"이제야 뜻을 세운 것 같구나! 뜻을 세운 사람은 그에 합당한 방법을 찾기 마련이지. 스스로 뜻을 세우고 그 뜻을 이룰 방법을 찾는 것! 이것이 그동안 내가 심부름을 시킨 이유니라. 완벽하게 통이다! 열어 보아라."

"이게 뭡니까?"

구식이가 어리둥절한 얼굴로 신 역관과 낡은 서신을 번갈아 보았다. 신 역관이 웃으며 말했다.

"황금 궤짝이니라. 아니, 내 마음으로는 황금 궤짝보다 훨씬 값나가는 것이지."

구식이는 떨리는 마음으로 서신을 펼쳐 보았다. 아버지의 글씨체! 저도 모르게 눈시울이 붉어졌다.

能書不擇筆

"능서불택필! 글씨를 잘 쓰는 사람은 붓을 가리지 않는다는 뜻이 아닌가요?"

"황후가 일본인의 손에 돌아가신 뒤 일본의 간섭으로 단발령이 내려졌느니라. 너희 아버지는 황후의 죽음과 단발령 같은 정책에 분개하며 의병이 되어 일본에 맞섰느니라. 공교롭게도 내가 상투를 자른 때가 바로 그때다."

"두 분이 서로 반대 입장에 서셨군요?"

신 역관이 그리움이 담긴 얼굴로 구식이 아버지의 글씨를 손바닥으로 쓸었다.

"네 아버지는 그리 생각하지 않았다. 그러니 이 글씨를 내게 주었지. 글씨를 잘 쓰는 사람은 붓을 가리지 않는다! 비록 서로 다른 주장을 하더라도 나라를 걱정하는 마음은 저와 내가 다르지 않았음을 알고 있었던 게야."

구식이는 고개를 끄덕였다. 의병이었던 아버지가 신문물을 무조건 반대했으리라는 생각은 자신만의 착각이었음을 이제야 깨달았다. 구식이가 입을 다문 채 말이 없자 신 역관이 넌지시 물었다.

"왜? 기대하던 황금 궤짝이 아니라 실망했느냐?"

"아니오! 절대 아닙니다. 말씀처럼 황금 궤짝보다 훨씬 값집니다. 뜻하지 않은 곳에서 아버지의 가르침을 받았는데 어찌 황금 궤짝에 비하겠습니까?"

구식이의 말에 신 역관이 흐뭇한 미소를 지었다.

"네가 어떤 선택을 하고 어떤 길을 가든 저승에서 네 아버지도 믿고 지켜볼 것이다."

벅차오르는 가슴을 안고 방으로 돌아오자 책상 앞에 수북이 쌓인 신문이 먼저 눈에 들어왔다. 몇 시간 전에도 보았던 신문이지만 지금은 왠지 남다르게 느껴졌다.

을사늑약은
무효요!

▲ 을사늑약이 이루어진 현장 중명전

◉ 1905년 11월 18일 새벽, 경운궁에는 수상스러운 기운이 감돌았다. 완전 무장한 일본군이 안팎에서 궁을 에워싸고 있었다. 궁 안에서 우리 대신들은 대한제국의 외교권을 일본에 넘기는 것을 주요 내용으로 한 조약에 체결하도록 강요받고 있었다.

이는 일본의 내각총리 이토 히로부미가 치밀하게 주도한 일로, 대한제국을 장악하려는 검은 속셈을 알아챈 황제는 대신들과 백성들의 여론을 수렴해야 한다며 끝내 조약에 도장을 찍지 않았다.

하지만 일본은 쉽게 포기하지 않았다. 대신들을 위협하여 강제로 회의를 열었으니, 그때가 바로 11월 18일! 일본 측에서 일방적으로 만들어 온 조약문에 몇 가지 조항을 수정한 뒤 순순히 도장을 찍은 학부대신 이완용을 비롯하여 처음엔 반대했으나 결국 총칼의 위협과 이토의 강압에 굴복하고만 외부대신 박제순까지 모두 다섯 명의 대신들이 제 이익을 위하여 나라를 팔아넘기고 말았다. 그러나 대신들은 황제에게서 어떠한 권한도 위임받지 못했기에 그들의 도장은 아무런 위력을 발휘할 수 없었다.

황제의 도장이 찍히지 않은 문서는 공식 명칭조차 없어 조약으로서 자격을 갖추지 못했을 뿐 아니라 총칼을 앞세운 강압으로 이뤄졌으므로 정식 조약이 아닌 늑약일 뿐이다.

뒤늦게 이 상황을 알게 된 황성신문사 사장 장지연은 '시일야방성대곡'이라는 논설을 실어 을사늑약 체결의 부당함과 일본의 침략성, 비겁한 대신들을 비난하였다. 일본은 백성들을 동요하게 하였다며 장지연을 경무청으로 연행하는 한편 《황성신문》은 무기한으로 발행을 금지하였다.

그러나 바싹 마른 들에 불길이 일 듯 백성들의 가슴에는 이미 나라를 지켜내겠다는 불길이 지펴졌으니, 일본과 직접 맞서서 싸워야 한다는 의병이 전국적으로 일어나는 까닭이다. 이번 의병들은 유생과 농민 가릴 것 없이 대한제국의 백성이라면 모두 들고 일어났는데 특히 민종식, 최익현, 신돌석 등이 이끄는 의병들이 두드러진 활약을 보이고 있다. 그중에서도 평민 출신 의병장 신돌석은 태백산 호랑이라는 별명이 무색하지 않게 일본군은 그 이름만 들어도 벌벌 떤다니 어찌 통쾌하지 않을쏘냐?

▲ 장지연의 글로 발행이 금지된 《황성신문》

을사늑약이 체결된 지 한 달 남짓 지난 12월 22일, 열차를 탄 이토 히로부미에게 난데없이 돌이 날아가 얼굴에 작은 부상을 입혔다. 돌을 던진 원태근이라는 농부는 그 자리에서 체포되었지만 앞으로도 원태근과 같은 이가 계속 나올 것으로 믿어 의심치 않노라.

▲ 태백산 호랑이 의병장 신돌석

미국에서 온 서신

신 역관 앞으로 미국에서 서신이 날아왔다. 몇 달 전에 구식이에게 심부름을 보냈던 서신의 답장이었다. 신 역관은 개화와 구식이를 불러 서신을 보이며 말했다.

"이제 너희가 떠날 때가 되었구나."

"이게 뭐예요?"

개화가 물었다.

"언젠가 우체사에 심부름을 보냈던 것 기억하느냐? 그때 아는 이를 통해 너희가 미국에서 공부할 수 있을지 물었는데 흔쾌히 도와주겠다는 답장을 받았구나. 여비는 지난번에 집을 정리하면서 미리 장만해 두었으니 너희는 아무 걱정 말고 공부만 하면 된다."

"그렇지만 일본에 나라를 빼앗기게 되었는데 이런 상황에서 공부하러 떠나는 게 옳은가 싶습니다."

구식이의 말에 신 역관이 한숨과 함께 입을 열었다.

"그럴 만도 하지. 하지만 너희가 남아 있어도 아무것도 달라지진 않는다. 지금은 우리 어른들이 나서야 할 때야. 어린 너희들은 이런 때일수록 미래를 위해 준비해야 해. 공부뿐 아니라 그곳에서 너희가 할 일이 분명히 있을 것이다."

신 역관의 말에도 구식이는 마음이 여전히 무거웠다. 그러나 다른 한 편으로는 신 역관이 자신의 미래를 차근차근 준비하고 있었다는 사실에 가슴이 뻐근해졌다. 우체사 심부름을 할 때만 해도 구식이 자신조차 신 역관의 시험에 통과할 수 있을지 장담할 수 없는 때였기에 더욱 그러했다. 구식이는 지금이야말로 오랫동안 생각해 오던 결심을 말할 때라고 여겼다.

"지난번 아저씨께 말씀드린 뒤로 곰곰이 생각해 봤는데요. 저는 농사 기술을 배우고 싶어요."

"농사 기술? 만날 글공부만 하던 네가 농사를 배우겠다니…… 어떻게 그런 결심을 하게 되었지?"

신 역관이 믿어지지 않는 얼굴로 물었다.

"날마다 부지런히 일해도 항상 배고픈 백성들이 조금이라도 배불리 먹기 위해서는 새로운 농사 기술이 필요하다고 생각했거든요. 듣기에 미국은 큰 나라라던데 분명 농사 기술도 우리보다 좋겠지요?"

"그렇다마다! 일찍이 보빙사로 간 내 친구 변수 역시 너와 똑같은 생각으로 미국에 남아 공부하였다. 그 친구가 미국에 남기로 한 것을 보면 틀림없이 네게도 큰 도움이 될 게다."

신 역관이 기뻐하며 구식이의 어깨를 두드려 주었다. 마음이 조금 가벼워진 구식이가 씩씩하게 말했다.

"열심히 공부해서 나라에 보탬이 되는 사람이 되어 돌아오겠습니다."

"저도 열심히 공부할게요, 아버지!"

구식이와 개화의 다짐에 신 역관은 가슴이 벅차올랐다.

"너희들 손에 나라의 미래가 달렸다는 사실을 부디 명심하여라."

며칠 뒤, 구식이와 개화는 신 역관의 배웅을 뒤로 하고 미국으로 가는 배에 몸을 실었다.

나오는 이야기

신 역관 어르신께

그간 가내 두루 평안하셨습니까?

걱정해 주신 덕분에 저는 잘 지내고 있습니다. 어제는 만주에 있는 구식이에게 서신을 받았습니다. 매번 서신을 보낼 때마다 잘 지내고 있으니 아무 걱정 말라지만 낯선 곳에서 어찌 잘 지내기만 하겠습니까? 그래도 누이며 매형, 조카들의 안부를 꼬박꼬박 챙기는 것을 보면 기특한 생각이 듭니다.

2년 전 미국으로 떠날 때만 해도 구식이는 배고픈 우리 백성을 위해 농사 기술을 배우겠다는 포부를 갖고 있었습니다. 예전 구식이의 모습을 생각하면 감히 상상도 할 수 없는 일이었지요. 그것만 해도 저는 더 바랄 게 없다 싶었습니다.

그런데 얼마 전, 하던 공부를 접고 만주로 간다고 했을 때 저는 걱정과 근심으로 밤잠을 이룰 수 없었습니다. '돌봐 주는 이 하나 없는 만주로 가서 어떻게 살려고 하는가?' 하는 생각 때문이었죠.

그러나 구식이의 말을 듣고 보니 모두 부질없는 생각이었습니다. 개항 후

30여 년 동안 조선은 대한제국으로 이름만 바꾼 게 아니라 모든 것이 달라졌습니다. 듣도 보도 못한 많은 나라와 교류를 하였고, 새로운 공부를 하게 되었으며 새로운 탈 것과 서양식 의원에서 진료를 받는 등 말입니다.

그리고 이제는 나라가 위기에 처하게 되었지요. 이렇듯 나라는 계속 달라지는데 구식이만 안전하고 편안하기를 바랐던 건 제 이기심이자 좁은 소견이었음을 깨달았습니다. 저는 이제 구식이의 안전과 편안함을 염려하지 않기로 했습니다. 대신 자랑스러워하기로 했습니다. 낯선 만주 땅에서 내 나라의 미래를 위해 학생들을 가르치고 군인이 되겠다는 제 동생, 김구식을 말입니다.

이 모든 것이 어르신께서 잘 이끌어 주신 덕분입니다. 앞으로도 구식이 일은 어르신께 맡기고 의지할 생각입니다. 부디 내치지 마시고 어려운 나라를 바로 세우는 데 쓰일 재목으로 키워 주세요.

참, 어르신께서는 한성에 계시면서 독립운동에 필요한 자금을 모아 만주로 보내신다고 들었습니다. 얼마 안 되지만 함께 부치는 돈은 나라를 위해 써 주십시오.

늘 강녕하시기를 빕니다.

1907년 0월 0일 옥구에서 연이 올림

사진 자료
서울 역사 박물관 www.museum.seoul.kr
이화 역사관 my.ewha.ac.kr/archives

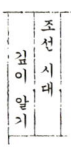

1판 1쇄 2018년 7월 10일
1판 2쇄 2019년 6월 7일

글 | 류은
그림 | 이경석
감수 | 한철호

펴낸이 | 류종필
편집 | 장이린
마케팅 | 김연일, 김유리

책임편집 | 고양이
디자인 | Studio Marzan 김성미

펴낸곳 | (주)도서출판 책과함께
주소 | 서울시 마포구 동교로 70 소와소빌딩 2층
전화 | 02-335-1982 팩스 | 02-335-1316
전자우편 | prpub@hanmail.net
블로그 | blog.naver.com/prpub
등록 | 2003년 4월 3일 제25100-2003-392호

이 책의 저작권은 지은이 류은과 그린이 이경석 그리고 도서출판 책과함께에 있습니다.
이 책의 내용을 이용하려면 저작권자와 출판사에게 모두 서면동의를 받아야 합니다.
잘못된 책은 구입하신 서점에서 바꾸어 드립니다.

이 도서의 국립중앙도서관 출판시 도서목록(CIP)은 서지정보유통지원시스템 홈페이지(http://seoji.go.kr)와 국가자료공동목록시스템(http://www.nl.go.kr/kolisnet)에서 이용하실 수 있습니다.(CIP제어번호: CIP 2018018328)

ISBN 979-11-88990-04-7 74910
ISBN 979-11-86293-92-8 (세트)